INTRODUÇÃO AO DIREITO CANÔNICO

Ao querido amigo e mestre,
Cônego Dr. Martin Segú Girona,
grande entusiasta do Direito Canônico,
Juiz laboriosíssimo, responsável pela
instalação do mestrado em São Paulo.

Aos meus amantíssimos pais,
Antonietta e Francisco

EDSON LUIZ SAMPEL
Doutorando em Direito Canônico pela PUC de Buenos Aires-Argentina. Advogado. Juiz do Tribunal Eclesiástico de São Paulo

INTRODUÇÃO AO DIREITO CANÔNICO

EDITORA LTr
SÃO PAULO

Dados Internacionais de Catalogação na Publicação (CIP)
(Câmara Brasileira do Livro, SP, Brasil)

Sampel, Edson Luiz
Introdução ao Direito Canônico / Edson Luiz Sampel. —
São Paulo : LTr, 2001.

Bibliografia.
ISBN 85-361-0079-6

1. Direito canônico I. Título.

00-1461 CDU-348.7

Índices para catálogo sistemático:
1. Direito canônico 348.7

(Cód. 2318.9)

LTr®

EDITORA LTDA.

Rua Apa, 165 - CEP 01201-904 - Fone (11) 3826-2788 - Fax (11) 3826-9180
São Paulo, SP - Brasil - www.ltr.com.br

2001

APRESENTAÇÃO

Com o presente trabalho, Dr. Edson Luiz Sampel obteve nota máxima da banca examinadora. Sendo seu orientador, é com muito carinho e entusiasmo que faço esta apresentação.

Deveras, cuida-se de uma obra inédita, que será de grande préstimo a todos aqueles que se dedicam ao estudo do Direito. Poderá ser empregada, por exemplo, pelos professores que ministram Introdução à Ciência do Direito ou Teoria Geral do Direito. Ademais, os cursos de Teologia outrossim poderão fazer uso deste livro, vez que o Direito Canônico é matéria obrigatória.

Em língua vernácula não me ocorre uma obra similar a esta. Com efeito, a editora está de parabéns, pois soube captar a originalidade e o valor do livro de Sampel. Atualmente, houve um sensível aumento no interesse pela bibliografia canônica. As poucas obras existentes são rapidamente devoradas pelos estudiosos. O que há em português — pouquíssima literatura — já é de conhecimento do público da área jurídica. De qualquer forma, o material nas estantes das livrarias versa quase sempre sobre Direito Matrimonial Canônico, porque este assunto faz o dia-a-dia dos tribunais eclesiásticos.

O Autor, meu ex-aluno e orientando no doutorado, traça um paralelo entre o direito canônico e o direito estatal. Assim, os diversos institutos do direito são estudados sob o pálio de princípios comuns.

Creio que não seja possível um estudo sério do Direito sem um mínimo de conhecimento tanto do Direito Romano como do Direito Canônico. Ambos formam o embrião da Jurisprudência contemporânea.

Ao largo dos dois anos do mestrado, eu e o Dr. Edson pudemos experimentar juntos saudáveis discussões acerca dos problemas canônicos da atualidade, maiormente daqueles que são mais prementes para a Igreja. O fruto desse labor é esta dissertação, agora vertida em livro.

Sinto-me muito feliz pelo convite para redigir esta apresentação e espero que o presente trabalho alcance a mente e os corações de todas as pessoas que se dedicam e são apaixonadas pelo Direito.

Pe. Dr. João Carlos Orsi,
Professor de Pós-Graduação em Direito Canônico e
Presidente do Tribunal Eclesiástico de Sorocaba.

PREFÁCIO

Ives Gandra da Silva Martins*

Edson Luiz Sampel defendeu sua dissertação de mestrado em direito canônico com particular brilho e especial profundidade, demonstrando domínio não só sobre aquele ramo do direito, como dos demais ramos do direito positivo e da Ciência Jurídica. O livro é o resultado dessa dissertação, que preenche, neste campo, indiscutível lacuna, na medida em que os melhores trabalhos sobre direito canônico têm sido realizados pelos vocacionados à carreira sacerdotal.

Sobre ofertar uma visão inicial do que seja direito canônico, não só sobre sua história e sua essência, à luz da antropologia e da eclesiologia, explicita, de plano, a dimensão das várias vertentes do direito canônico (internacional, penal, processual, sacramental, patrimonial), facilitando a compreensão da normação jurídica de tal segmento, que envolve tanto o direito positivo como a percepção do direito natural, que o impregna.

A rigor, analisa os fundamentos do direito estatal, diga-se, da sociedade organizada (positivo, objetivo e subjetivo, público e privado), situando as indiscutíveis relações entre o direito eclesial e aqueles ramos próprios do Estado, em sua evolução na história.

Nesta sua incursão pelo direito positivo, tece considerações sobre o direito constitucional, administrativo, tributário, processual civil e penal, penal, internacional público e privado, civil, comercial, do trabalho, a fim de mostrar que todos eles são aplicáveis ao direito canônico, no que diz respeito à sua peculiar normação.

Discorre sobre as influências recíprocas entre os ramos do direito canônico e laico, a partir da teoria da pessoa jurídica, da cultura jurídica, do negócio jurídico, dos impedimentos matrimoniais, dos atos

---

* Professor Emérito das Universidades Mackenzie, Paulista — UNIP e Escola de Comando e Estado Maior do Exército — ECEME, Presidente do Centro de Extensão Universitária e do Conselho de Estudos Jurídicos da Federação do Comércio do Estado de S.Paulo e do Centro de Extensão Universitária — CEU.

administrativos e processuais, além de mostrar a participação do advogado no mesmo nível em que atua no direito comum e no direito canônico.

Mostra, como conseqüência, a influência da norma jurídica emanada do aparato estatal em face do direito canônico, na técnica codificadora, no direito romano, nos trabalhos científicos correlatos e, principalmente, no princípio da reserva legal.

Por fim, adentra a área dos temas mistos, com o exame do matrimônio no Brasil, a competência da Igreja sobre o casamento, a obrigatoriedade da inscrição no registro civil, a prova de habitação para contrair matrimônio, a versão civilista do matrimônio, assim como os direitos e deveres dos cônjuges, os impedimentos para a contratação do casamento, desvendando espaços comuns nos dois regimes jurídicos e espaços de tratamento diverso, com o que conclui seu trabalho.

No passado, inúmeras Universidades exigiam o estudo do direito canônico nos cursos de direito, adotando a defesa de tese no campo do *utriusque juris*, como, por exemplo, as Universidades espanholas e a primeira Universidade alemã fundada em Praga.

Meu saudoso sócio, Henry Tilbery, doutorou-se em Praga e em seu diploma consta o grau de doutor em direito civil e canônico, embora sua tese fosse de direito civil. É de se lembrar, também, que o fundador do Opus-Dei, doutor pela Universidade de Madrid, alcançou o título de doutor em direito, tendo a sua tese versado sobre direito canônico, ou seja, sobre a jurisdição eclesial e civil que a Abadessa de Huelgas exerceu, durante séculos, na Espanha.

O trabalho de Luiz Sampel, dedicado servidor da Justiça Federal e jurista de escol no campo que escolheu para sua reflexão jurídica, certamente abrirá novos caminhos para que outros se aventurem a pesquisar e meditar, mormente em período em que a mídia tenta mutilar todas as concepções jurídicas próprias do direito canônico, com acentuada dose de ignorância aliada à visão preconceituosa dos que têm medo de conhecer a verdade.

Desejo ao jovem Luiz Sampel o sucesso merecido, na edição deste seu primeiro livro de indiscutível solidez doutrinária, em campo ainda pouco conhecido dos juristas não eclesiásticos.

São Paulo, 6 de março de 2001.

IVES GANDRA DA SILVA MARTINS

INTRODUÇÃO

Percebe-se, atualmente, um sensível recrudescimento do interesse pelo Direito Canônico. Afinal de contas, ao lado do Direito Romano, o Direito Canônico constitui o alicerce do Direito Estatal moderno, com a ressalva de que o Direito da Igreja rege a vida de milhões de católicos pelo orbe terrestre. Não é uma peça de museu.

Este livro pretende ser um modesto contributo na tarefa de estimular os operadores do Direito a estudar o Direito Canônico, extraindo dele importantes subsídios para a solução de problemas que afetam o dia-a-dia da sociedade civil, amiúde enfrentados pelo Direito Estatal. Com certeza, a sabedoria dos vetustos cânones há de representar um grande ajutório, mormente quando fenece o pragmatismo da lei do Estado.

Procurei traçar um paralelismo entre o Direito Canônico e o Direito Civil (para usar a expressão tão a gosto dos canonistas, ao referirem-se ao Direito Estatal). Discorro acerca dos vários ramos de cada um dos ordenamentos jurídicos, tentando, na medida do possível, estabelecer uma relação entre eles. Trata-se, pois, de uma obra de cunho propedêutico, na qual forneço uma visão panorâmica do Direito Canônico, bem como do Direito Estatal.

No final do livro, coloco à disposição dos leitores uma bibliografia básica para o estudo dos temas canônicos e civis. Infelizmente, em língua portuguesa, há pouquíssimas obras a respeito do Direito Eclesiástico. Sem embargo, estou certo de que doravante surgirão juristas imbuídos do propósito de enfrentar mais acuradamente esta seara jurídica, trazendo à tona uma legislação embasada em ideários bimilenares, tão venerandos e tradicionais como o próprio Cristianismo.

O Autor

SUMÁRIO

CAPÍTULO I

DIREITO CANÔNICO

1. DEFINIÇÃO E CARACTERÍSTICAS

Ao primeiro súbito de vista, o Direito Canônico é simplesmente um ramo do direito; um esgalho jurídico. Todavia, se quisermos haurir um conceito escorreito e cabal do Direito Canônico ou eclesial, é mister penetrarmos suas raízes mais recônditas; seu *leitmotiv*, que jaz na essência da Igreja: povo de Deus constituído por obra do Espírito Santo.[1] Neste diapasão, o cânon 204, parágrafo 2, reza que *in hoc mundo ut societas constituta et ordinata, subsistit in Ecclesia catholica, a successore Petri et Episcopis in eius communione gubernata*[2]. Na verdade, este dispositivo é de conteúdo constitucional. Como assere *Jesus Hortal*, referida norma fazia parte do malogrado projeto de Lei Fundamental da Igreja.[3] Nota-se claramente a ênfase ao aspecto societário (*ut societas*), revelando, desse modo, a natureza jurídica da Igreja, segundo a teoria sociológica do direito, expressa no adágio *ubi societas, ibi ius*.

O Direito Canônico pode ser definido como o conjunto das normas gerais e positivas, que regulam a vida social no grêmio da Igreja católica. Esta definição é da lavra do eminente civilista Radbruch, que não se referiu especificamente ao Direito Canônico, mas tinha em mente o direito em geral.[4] Às

---

[1] GHIRLANDA, Gianfranco, *Introdução ao Direito Eclesial*, p. 15.

[2] Constituição Dogmática *Lumen Gentium*, cap. I, n. 21.

[3] HORTAL, Jesus, *Código de Direito Canônico Comentado*, p.90.

[4] MONTEIRO, Washington de Barros, *Curso de Direito Civil, Parte Geral*, p. 1.

vezes, ouvem-se críticas pueris contra a existência do direito na Igreja. Taxam-no de repressor, dizendo que ele empece a caminhada do povo de Deus rumo ao *escaton*.

Tal postura revela uma visão assaz perfunctória da própria realidade eclesial. O direito faz-se presente sempre que ocorrer o fenômeno social; onde quer que haja seres humanos reunidos para a persecução de determinado escopo comum.

Tanto a sociedade civil quanto a eclesial perseguem o bem comum. Aliás, é vã qualquer pretensão de criar uma dicotomia entre as "duas sociedades", como se os crentes não fossem também cidadãos. Deveras, trata-se de nuanças diferentes, ou seja, modos peculiares de captar o fenômeno social. Nessa perspectiva, a santidade-justiça não é um apanágio do Direito Canônico exclusivamente; referido binômio tem de estar presente no direito estatal, permeando-o. Desta feita, não se pode afirmar que existe uma jerarquia entre o Direito Canônico e o estatal, sendo este inferior àquele. Ambos devem ser instrumentos na consecução de uma sociedade justa e fraterna, em que haja vida abundante para todas as pessoas.[5] A propósito, o direito estatal ou civil está mais bem aparelhado para levar a cabo este ingente mister, pois conta com os atributos da coercibilidade e da sanção, garantidos pelo Estado. Não se pode incorrer na "heresia" que diviniza o Direito Canônico, pelo simples fato de ele ter sido gestado na Igreja. Não nos esqueçamos que a "barca de Pedro" é santa e pecadora. O Direito Canônico não pode fugir a esta lógica inexorável. Quando, *v.g.*, a Carta Magna prescreve os direitos inalienáveis dos hipossuficientes, fá-lo ao lume de valores evangélicos, albergados na sociedade brasileira cristã-católica[6]. Revela-se, dessarte, um portentoso mecanismo no soerguimento dos inermes e excluídos. O fim do Direito Canônico é a salvação das almas: *salus animarum suprema lex est*, reza o axioma[7]. Todavia, aludido desiderato não será alcançado só por força do Direito Canônico. O ordenamento jurídico eclesial está decerto a serviço da implementação do Reino de Deus, mas não é, nem de longe,

[5] Jo 10, 10.

[6] Constituição da República Federativa do Brasil, artigo 203.

[7] Cânon 1752.

o único elemento em prol do atingimento desse objetivo soteriológico. O *escaton* começa já na existência atual, *hic et nunc*, consubstanciando-se num mundo à semelhança do Evangelho, isto é, onde as pessoas de todos os credos, ou atéias, vivam com dignidade, tendo o necessário sustento, fruindo das benesses sociais, enfim, desfrutando de uma vida que paga a pena ser vivida[8].

Com o advento do atual código, promulgado por João Paulo II aos 25 de janeiro de 1983, dá-se início a uma novíssima fase do direito eclesial[9]. O Concílio Vaticano II soprou forte sobre a Igreja, trazendo-lhe uma novel visão de si mesma, abrindo-a ao mundo, aos católicos e acatólicos, a todos os homens de boa vontade. A enorme bênção do concílio conseguiu resgatar o supra-sumo do cristianismo, vale dizer, a vivência dos valores industriados por Jesus Cristo, o compromisso com a construção de um mundo justo e fraterno e a opção preferencial pelos pobres. Quem abre o atual código, logo percebe o "perfume" do concílio; os novos ares que ele dá à Igreja. Não olvidemos o fato de que o concílio ainda não foi totalmente implementado. Pode-se afirmar que o Concílio Vaticano II é o concílio do terceiro milênio. Muito foi posto em execução, mas há ainda um longo caminho a percorrer. Quiçá a grande novidade desse último concílio tenha sido o tratamento dado aos leigos[10]. Antanho, eles eram vistos como cidadãos portadores de uma certa *captis diminutio*, meros receptores dos ensinamentos dos hierarcas. Fazia-se a distinção entre Igreja docente e discente. O concílio, felizmente, sob a égide do Evangelho, alumia essa questão, outorgando ao leigo o papel que lhe é devido em razão do sacramento do batismo[11]. O código, como não poderia deixar de ser, seguiu essa mesma linha. Deparam-se-nos muitos cânones que são verdadeiros mecanismos de uma "cidadania laical". Agora, o leigo tem o direito reconhecido de externar suas opiniões aos pastores. Possui, em síntese, voz altissonante dentro da comunidade eclesial. É um fiel em pé de igualdade com os clérigos.

---

[8] Jo 10,10.

[9] Constituição Apostólica *Sacrae Disciplinae Leges*.

[10] Constituição Dogmática *Lumen Gentium*, cap. IV; Decreto *Apostolicam Actuositatem*.

[11] Cânon 96.

A definição de Direito Canônico perfilhada por *Ghirlanda* é a seguinte: "conjunto das leis e das normas positivas dadas pela autoridade legítima que regulam o entrecruzar-se das relações intersubjetivas na vida da comunidade eclesial e, assim, constituem instituições, cuja totalidade produz a ordenação canônica."[12] Vê-se que não há diferença substancial entre este conceito e aqueloutro declinado por Radbruch. O discrímem poderia estar presente na ontologia de determinadas normas, que são de origem divina, consoante o escólio de *Rafael Llano Cifuentes.*[13] Ao contrário do direito estatal, o ordenamento jurídico eclesiástico possui normas, encontradiças quer na Bíblia quer na sagrada tradição, de caráter estritamente divino. Como exemplo, poderíamos citar o cânon 205, que alude aos batizados, membros do povo de Deus.

2. HISTORICIDADE E ESSÊNCIA DO DIREITO CANÔNICO

Ao largo dos séculos, o Direito Canônico assumiu formas históricas. Ultimamente, ele se expressa sobremaneira através do *Codex Iuris Canonici*, secundando, desse modo, o direito estatal de base românica (Brasil, Itália, Portugal, Espanha, França etc.). Deveras, a codificação revelou-se um eficiente mecanismo para a veiculação dos mandamentos legais, malgrado juristas do quilate de *Savigny* e *Gabba* terem se insurgido veementemente contra esta técnica, acoimando-a de fossilização do direito.[14] Sem embargo, a codificação tem a grande vantagem de unificar o Direito Canônico, compactando-o num único diploma. Outro ponto assaz importante é a língua empregada pelo Direito Canônico. É certo que o latim é o idioma do código canônico, sendo que as traduções anexas servem tão-somente de mero referencial. Os operadores do direito terão de se ater ao texto latino exclusivamente, sob pena de não lograrem uma exegese autêntica. A razão de o Direito Canônico estar vertido em latim é muito simples. Sendo um ordenamento de perspectivas internacionais, o direito eclesial necessita de uma linguagem uniforme, que valerá tanto aqui no

---

[12] GHIRLANDA, Gianfranco, *Introdução ao Direito Eclesial*, p.14.

[13] CIFUENTES, Rafael Llano, *Curso de Direito Canónico*, p. 10.

[14] MONTEIRO, Washington de Barros, *Curso de Direito Civil, Parte Geral*, p.45.

Brasil como no Japão. O legislador houve por bem eleger o latim, haja vista o grande uso deste idioma no grêmio da Igreja, se bem que hoje em dia o latim encontra-se relegado a segundo plano, até mesmo entre os padres que não conhecem mais a língua de *Cícero*. Talvez, num futuro não muito distante, o Direito Canônico seja escrito em espanhol ou inglês, por serem estas as línguas mais faladas no mundo. Nada obstante, enganam-se os que crêem que o Direito Canônico emprega apenas a língua latina. Com efeito, o expoente máximo desse ramo jurídico, qual seja o Código Canônico, foi redigido em latim, como vimos acima. Sem embargo, há muitas leis, máxime aquelas elaboradas nas Igrejas particulares, expressas no vernáculo. Recentemente, a Conferência Nacional dos Bispos do Brasil (CNBB) expediu um decreto geral sobre as universidades católicas[15]. Trata-se de legítimo Direito Canônico e escrito em português. Conclui-se, pois, que a regra é o latim para o direito na Igreja. Todavia, há exceções, podendo o direito utilizar outros idiomas.

A Igreja foi fundada por Jesus Cristo e é constantemente assistida pelo Espírito Santo[16]. Assim, o Direito Canônico não deixa de ser manifestação desse Espírito que alumia a jornada do povo de Deus no mundo. Essa realidade dogmática da Igreja pode ser vislumbrada no Direito Canônico, que normativiza o princípio paulino presente na Epístola aos Efésios: "a Igreja é o corpo de Cristo[17]". Sendo mistério inefável, a Igreja, enquanto obra do Espírito Santo, não está reduzida aos contornos jurídicos. Como leciona *Guirlanda*, o Direito Canônico está contido nessa realidade dogmática, mas não a exaure.[18] No mesmo sentido é o magistério de *Dominique Le Tourneau*, quando afirma que a finalidade do Direito Canônico é "suscitar en la sociedad eclesial un orden que conceda prioridad al amor, a la gracia, a los carismas y que facilite al mismo tiempo su progreso ordenado en la vida de la sociedad eclesial y de todos los que forman parte de ella."[19]

---

[15] CNBB, doc.64.

[16] Mt 28,18 ss.

[17] Ef 5,31.

[18] GHIRLANDA, Gianfranco, *Introdução ao Direito Eclesial*, p. 15.

[19] TOURNEAU, Dominique Le, *Cuestiones de Derecho Canónico*, p. 18.

O cânon 208 e seguintes formam a base para um estatuto comum de todos os fiéis batizados e, por isso, incorporados à Igreja (cf. cân. 96). Formalmente falando, o Direito Canônico é contingente, porquanto representa o *modus vivendi* do povo de Deus em determinada época. O código de 1983, por exemplo, quis ser o instrumento de implementação do ideário do Concílio Vaticano II. Apesar de a doutrina ressaltar esse aspecto da contingência do direito eclesial, frisa-se amiúde o objeto material do ordenamento jurídico, isto é, a realidade dogmática, a qual aludimos linhas acima, que não é absolutamente contingente ou passageira, vez que goza do apanágio da essencialidade. Desta feita, ao regular os direitos e deveres dos fiéis, o código, que é tecnicamente contingente, discorre a respeito de fatos e realidades, que são essenciais. O Direito Canônico deve preservar esses componentes essenciais. Esta é sua missão. Ao mesmo tempo, não pode descurar das necessidades e cosmovisão do homem hodierno. Ao definir a lei canônica, *Aymans*, citado por *Dominique Le Tourneau*, indica com clarividência esta dualidade: "una ley fundada sobre la fe, elaborada con el auxilio de la razón y orientada a la promoción de la vida cristiana."[20]

É da essência do Direito Canônico regular matéria de fé, como os sacramentos. Toca-lhe outrossim o desiderato de fomentar a vivência da virtude teologal da caridade entre os membros da Igreja. O cânon 210 fala na obrigação que todos têm de levar uma vida santa (*sanctam vitam ducendam*), ensejando nos católicos o propósito de praticarem o amor entre si. Pode-se asserir que tal característica pertine com exclusividade ao Direito Canônico. O direito estatal ou civil leva em consideração aludidos valores, já que a sociedade política é composta de cristãos. Contudo, não há menção explícita ao amor como uma obrigação jurídica.

3. FUNDAMENTOS ANTROPOLÓGICOS DO DIREITO CANÔNICO

A — A dignidade do homem

A Igreja, "conhecedora em humanidade", para parodiar Paulo VI[21], é, com certeza, a instituição que mais frisou a

---

[20] *Ibidem*, p.19.

[21] Carta Encíclica *Populorum Progressio*, 13.

dignidade do ser humano. Aliás, não poderia ser diferente, porque ao lume da sagrada revelação, depreende-se que o homem foi feito à imagem e semelhança de Deus[22]. Por isso, o Direito Canônico, também neste ponto, diferença-se do estatal, já que enxerga o ser humano de uma forma bem mais percuciente, vendo nele um ente que não foi destinado única e exclusivamente para a vida aqui na Terra, mas possui um fim escatológico, marcado para a eterna felicidade, no encontro beatífico com Deus.

Todo Direito Canônico perpassa este liame da relação do homem com Deus. É sempre a partir deste diálogo humano-divino, ultimamente deflagrado por Jesus e pela Igreja, que o Direito Canônico regula o complexo das relações jurídicas intraeclesiais. O homem é considerado insubstituível e sua vida tem valor inestimável[23]. O direito eclesial no seu todo valoriza essas características, ou melhor, arrima-se nelas para reger as relações humanas no seio da Igreja. Desta forma, pode-se afirmar que o Direito Canônico está imbuído de uma profunda antropologia. Qualquer sorte de legislação, de alguma maneira, embasa-se em critérios antropológicos, vez que o direito existe com vistas no ser humano. Entretanto, relativamente ao Direito Canônico propriamente dito, frisa-se muito mais essa fundamentação antropológica, porquanto o homem é visto como indivíduo criado por Deus para a felicidade eterna. Como dizem os teólogos, esta beatitude tem sua incoação *hic et nunc*; neste mundo. Daí a grande relevância do Direito Canônico, cujo escopo precípuo é fornecer os mecanismos, forjando a infra-estrutura, para que a felicidade ocorra entre os homens, mormente no que diz respeito aos cristãos, redimidos pelo sangue de Cristo e incorporados à Igreja pelo batismo. O Direito Canônico não pode prescindir da antropologia teológica, conforme observa *Ghirlanda*.[24]

O homem, ser eminentemente relacional, não é chamado sozinho à salvação. Todos os seres humanos são vocacionados.[25] Dada esta nota de sociabilidade do homem, quer no que

---

[22] Gn 1,26.

[23] Constituição Dogmática *Lumen Gentium*, cap. I.

[24] GHIRLANDA, Gianfranco, *Introdução ao Direito Eclesiasl*, p.16.

[25] Constituição Dogmática *Lumen Gentium*, 3.

toca à vida aqui na terra, quer no que se relaciona à salvação, o direito eclesial assume um papel extraordinariamente importante, porque não há relação social que não seja regrada pelo ordenamento jurídico. *Ubi societas, ibi ius*[26]. O direito na Igreja visa particularmente à salvação das pessoas. *Salus animarum suprema lex est*."[27] Ao contrário do direito estatal, que não tem esse tipo de preocupação, pois seu objetivo é simplesmente viabilizar a coexistência pacífica entre as pessoas, regulando os conflitos de interesse, o Direito Canônico, cujo objeto material é a teologia, cumpre um múnus bastante significativo, numa visão holística do ser humano. Sem embargo, é necessário enfocar também o valor do direito estatal, como verberado algures, pois numa sociedade cristã-católica, presume-se que toda espécie de regramento jurídico leve em consideração os valores evangélicos e reflita uma imagem crística do homem. Na prática, contudo, nem sempre isto ocorre. O direito estatal é tão-somente expressão dos anseios da classe dominante e não um instrumento para a consecução da justiça.

O atributo da sociabilidade do homem foi explanado de maneira brilhante por Paulo VI, ao afirmar que o homem não é pessoa pelo fato de ser social, mas é social porque é pessoa.[28] Isto é exato na ótica da religião cristã. Em razão de sua essência à imagem e semelhança de Deus, o homem abre-se ao próximo, tende a relacionar-se com seus semelhantes; enfim, busca viver o amor e a solidariedade, vez que tais características estão indelevelmente inscritas no seu coração.

B — Direito natural e direito positivo

O direito positivo será tanto mais perfeito na medida em que corresponder ao direito natural. Deveras, nas sociedades saudáveis, esta é a tendência. O direito natural, escrito por Deus na alma do homem, deve servir de critério fundamental na elaboração das leis. É conhecida a definição de lei dada por Santo Tomás: ordenação da razão, para o bem comum, promulgada pela autoridade social[29]. Ora, à luz da ensinança do Aquinate, *ordenação da razão* nada mais é que o aflora-

---

[26] ALVAREZ, Joaquim Calvo, *Manual de Derecho Canónico*, p. 33.

[27] Cânon 1752.

[28] PAULO VI, *Alocução ao II Cong. Int. de D.Can.*, Communicationes 5 (1973), p. 125.

[29] STO. TOMÁS DE AQUINO, *De legibus*, I, II, q. 90, a.4.

mento do direito natural que o homem percebe através da faculdade do intelecto. É importante notar que o direito natural não é um ordenamento paralelo ao direito positivo. Como ensina *André Franco Montoro*, o direito natural é o conjunto dos princípios fundamentais do direito positivo.[30]

Para os romanos, os princípios que constituem o direito natural são entre outros: *bonum facieundum*, *neminem laedere* e *suum cuique tribuere*. Vê-se que os romanos não descuravam das obrigações de caráter positivo (*bonum facieundum*). Pode-se, aqui, estabelecer um paralelo entre estas disposições e o Evangelho de são Mateus[31], que admoesta o crente para que não apenas se abstenha da prática do mal, mas faça o bem.

Todo ramo do direito positivo, canônico ou estatal, deve estar embevecido no direito natural. Caso contrário, tratar-se-á de um pseudo-direito, muita vez mefistofélico ou tirânico, antagônico aos lídimos anseios do homem. A natureza humana é o meio pelo qual manifesta-se a imagem de Deus. Entretanto, a concupiscência do pecado maculou esta natureza[32]. Mesmo assim, o homem, mediante o uso da razão, é capaz de perceber os ditames do direito natural, mas só conseguirá agir de acordo com estas prescrições com o auxílio da graça.

O Direito Canônico é a historicização do direito natural. Não só o Direito Canônico, qual ordenamento paraestatal, desempenha esta função, mas também o direito estatal propriamente dito, pois, como foi dito acima, numa sociedade civilizada, as leis têm de ser elaboradas com espeque nos princípios de direito natural.

4. FUNDAMENTOS ECLESIOLÓGICOS DO DIREITO CANÔNICO

A — O direito na Igreja

A Igreja é, em essência, um mistério sobrenatural; um mistério de fé.[33] A mente humana é incapaz de perscrutar este mistério na sua profundidade. Com o auxílio da graça, pode,

---

[30] MONTORO, André Franco, *Introdução à Ciência do Direito, I Vol.*, p. 48.

[31] Mt 25, 31-46

[32] Constituição Pastoral *Gaudium et Spes*, cap. I,13.

[33] Constituição Dogmática *Lumen Gentium*, *Cap. 1.*

contudo, lobrigar esta realidade inefável. Para o jurista, ao deparar-se com o Direito Canônico, cumpre-lhe prover-se de *mentalidade jurídica*[34]. Isto quer dizer que o canonista não é um experto que discorre sobre o direito do ponto de vista estritamente teológico. Se assim procedesse, estaria a estudar *teologia do direito*. É, por exemplo, o caso do sociólogo que expende reflexões acerca do direito. Seus estudos são pura sociologia; não podem ser considerados ciência do direito. Esta é cometida ao jurista ou canonista. Portanto, ao debruçar-se sobre o direito no mistério da Igreja, o canonista não pode abandonar seu papel de especialista em direito, para se tornar um teólogo. O Direito Canônico, como qualquer outro ramo da jurisprudência, rege-se por princípios próprios, peculiares à ciência jurídica, que devem ser respeitados. Daí a relevância da chamada *mentalidade jurídica*, à qual aludem os doutrinadores[35].

O direito na Igreja não se explica apenas pelo seu caráter societário (*Ubi societas, ibi ius*), mas pelo compromisso com a justiça evangélica. Com efeito, o adágio latino é absolutamente correto, mas não exaure a *raison d'etre* do Direito Canônico ou eclesial. Para *Viladrich*, citado por *Joaquin Calvo-Alvarez*, o direito na Igreja é um aspecto constitutivo do desígnio trinitário[36]. Deveras, a sociedade que Deus quis criar através da Igreja é o reflexo da própria comunidade das três pessoas da Santíssima Trindade. O canonista, ao trabalhar com os conceitos do direito eclesial, precisa estar atento a esta realidade. A justiça que o Direito Canônico quer veicular é algo que pertence ao próprio ser divino. Não é uma justiça do tipo distributivo ou comutativo, que surde dos pactos celebrados entre os homens nas sociedades políticas. Acima de tudo, o canonista deve ser uma pessoa de fé. Alguém em perfeita sintonia com o magistério da Igreja, que esteja capacitado para interpretar o Direito Canônico à luz de princípios magnos, forjados ao largo da caminhada bimilenar da Igreja. Algo que não pode ser nunca olvidado pelo canonista, ao executar a inteligência dos cânones, é a constante referência ao Concílio Vaticano II.

---

[34] ALVAREZ, Joaquin Calvo, *Manual de Derecho Canonico*, p. 32.

[35] CARRAZA, Roque Antonio. *Curso de Direito Constitucional Tributário*, p. 28.

[36] ALVAREZ, Joaquin Calvo, *Manual de Derecho Canonico*, p. 34.

Na verdade, sempre houve, principalmente no grêmio da Igreja católica, certa reserva com relação à lei[37]. Não podemos nos esquecer de que, no Evangelho, Jesus faz acirradas críticas àqueles que sobrepunham a lei à caridade. É de todos conhecida a passagem na qual o Divino Mestre afirma que o sábado fora feito para o homem e não o contrário.[38] No que diz respeito especificamente ao Direito Canônico, com freqüência vigorou certo preconceito.

Desde o Concílio Vaticano II, a situação mudou bastante, pois mesmo os fiéis mais afinados com as transformações sociais começaram a perceber que o direito eclesial, de modo particular o código canônico, é instrumento imprescindível de implementação do ideário renovador do concílio.

O código em vigor está muito mais em sincronia com a caridade e a justiça do Evangelho. Outrossim, não basta ser o código vigente portador de uma série de preceitos avançados em relação ao seu antecessor de 1917. É necessário que o interpretemos à luz de uma saudável eclesiologia, máxime aquela albergada nas atas do Concílio Vaticano II. A lei não será um peso, como o é amiúde, se a aplicarmos segundo princípios superiores. Um deles, o mais relevante, é a caridade. Se a caridade, autenticamente evangélica e não assistencialista, permear o espírito daqueles que têm a missão de aplicar a lei, então o direito na Igreja cumprirá seu papel de fazer com que reine vida abundante entre o povo de Deus[39].

O Direito Canônico não deixa de ser um braço da ação pastoral e salvífica da Igreja. Assim, interpretado a partir dos postulados acima declinados, o direito eclesial dá sua importantíssima ajuda com vistas na promoção de nossos irmãos, sobretudo dos pobres.

B — Igreja: sacramento de comunhão e corpo místico de Cristo

A Igreja, enquanto povo reunido, é um verdadeiro sacramento.[40] Sacramento, do ponto de vista teológico, é uma legítima manifestação do poder e da graça de Deus. Aliás, os teó-

---

[37] BOFF, Leonardo, *Igreja Carisma Poder*, p. 103.

[38] Mc 2,27.

[39] Jo 10,10.

[40] Constituição Dogmática *Lumen Gentium*, 4B.

logos soem explicar os sacramentos, usando a figura de um canal, que liga Deus ao homem. Aprouve a Deus tomar a iniciativa de restabelecer contato com os seres humanos, cujo liame foi rompido em virtude do pecado[41]. O amor divino, sacramental, que Deus dirige ao homem, alcança-o na sua dimensão social e histórica. Neste sentido, diz-se que o Direito Canônico é também uma espécie de sacramento, porquanto seu desiderato é veicular o amor divino aos homens, estabelecendo regras jurídicas que viabilizem essa vivência no amor. Diferentemente do direito estatal, o Direito Canônico pode servir-se da imagem do corpo de Cristo, aplicada à Igreja, sociedade a qual cumpre reger. Não se trata, pois, de uma comunidade qualquer, mas de uma comunidade de bem-aventurados que rumam ao *escaton*, à plenitude da vida. O Direito Canônico, sendo sacramental, leva em conta este aspecto.

Cristo confiou à Igreja a missão de instaurar o reino de Deus[42]. Como dissemos anteriormente, a Igreja tem sua origem na Trindade e vive na Trindade. O Direito Canônico de certo modo revela este múnus atribuído à Igreja, porque propicia a visibilidade da mesma Igreja. É como que a estrutura ou esqueleto dessa Igreja prenhe de amor e de graças para distribuir aos homens. O fato de o Filho de Deus ter se feito homem revela remotamente o caráter jurídico da Igreja, pois não há nada humano que não seja concomitantemente jurídico.

A figura do corpo místico denota outrossim este liame entre o visível e o invisível. Como se afirmou, o mistério é *per se* impalpável. No entanto, com a ajuda da graça, pode o homem chegar à compreensão de algumas realidades sobrenaturais ou mesmo ser beneficiado pela Providência Divina. A corporeidade figura-se-nos como a forma institucional de ser da Igreja. Assim, a expressão "corpo místico" quer apresentar o mistério da graça divina, mas também refere-se à Igreja institucional, presente no meio dos homens. Toca ao Direito Canônico o celso mister de dar compostura e substância aos ditames salvíficos de Cristo Jesus. A Igreja, enquanto corpo místico de Cristo, só poderá ser percebida pelas suas estruturas jurídicas.

---

[41] Jo 8,34.

[42] Constituição Dogmática *Lumen Gentium*, cap. I,5.

5. RAMOS DO DIREITO CANÔNICO

Regulando os diversos aspectos da vida na Igreja, o Direito Canônico, *didaticamente considerado*, pode subdividir-se em vários ramos jurídicos. Ontologicamente, o direito é uno; *indiviso*, portanto. Na prática, contudo, costuma-se seccionar o direito. Assim, relativamente ao direito estatal (o que será visto com maior detença em outro capítulo), pode-se falar em *direito civil, direito penal, direito tributário, direito comercial, direito administrativo* etc. Cada um destes setores ou ramos jurídicos corresponde à determinada área abarcada por um conjunto específico de normas legais. O código canônico vigente, consoante a lição de Dadeus Grings, está dividido em sete livros, representando sete distintos ramos jurídicos.[43] A primeira parte contém normas gerais, uma verdadeira *lei de introdução* no sentido civil, isto é, um arcabouço de regras supralegais, que servem para orientar a aplicação de todas as leis canônicas. O segundo livro, intitulado *De populo Dei*, traz o esquema jurídico da própria constituição da Igreja. Nas palavras de *Dadeus Grings*, "Recolhe, numa sistematização nova e original, os dados do Concílio Vaticano II sobre a Igreja".[44] Este livro é muito importante, porque rege a eclesiologia do Concílio Vaticano II. O terceiro livro, sob a rubrica *De Ecclesiae Munere Docendi*, discorre sobre o relevantíssimo múnus de pregar o Evangelho. Na trilha do escólio de *Dadeus Grings*, pode-se dizer que aludida missão constitui-se no ministério da palavra, na ação missionária, na educação católica nas escolas e no uso dos meios de comunicação social.[45] A função de santificar (*de ecclesiae munere sanctificandi*), contida no quarto livro, regula a administração dos sacramentos (batismo, crisma, eucaristia, matrimônio, unção dos enfermos, penitência e ordem). Outrossim, preceitua normas acerca dos sacramentais, culto divino, liturgia das horas, exéquias, culto dos santos e das imagens, voto, juramento, bem como lugares e tempos sagrados. O quinto livro, por seu turno, traz regras sobre a administração dos bens materiais. Chama-se *de bonis*

---

[43] GRINGS, Dadeus, *A Ortopráxis na Igreja*, p. 24-26.

[44] *Ibidem*, p. 24.

[45] *Ibidem*, p. 24.

ecclesiae temporalibus. O sexto livro cuida do direito penal canônico (*de sanctionibus in Ecclesiae*), corrigindo os transgressores das leis criminais sempre numa perspectiva pastoral e medicinal. Por fim, o último livro refere-se ao direito processual canônico: *de processibus*. Trata-se de regras de direito adjetivo, que visam à composição de litígios com o objetivo de distribuir justiça entre os católicos.

6. PRINCIPAIS RAMOS DO DIREITO CANÔNICO

A — Direito matrimonial canônico

As cortes eclesiásticas são praticamente tribunais *matrimoniais*, vale dizer, noventa por cento das causas dizem respeito ao sacramento do matrimônio. Só por este fato estatístico, já se compreende a importância do estudo do direito matrimonial para a canonística. Não é por acaso que grande maioria dos juristas têm se lançado ao estudo deste momentoso tema.

O matrimônio, para os católicos, é sempre indissolúvel. Trata-se, com efeito, de injunção expressa de Jesus.[46] O direito da Igreja, portanto, não poderia acutilar um preceito de natureza divina. Entretanto, a justiça eclesiástica, composta de juízes, defensores do vínculo, notários e advogados canônicos, ao apreciar o matrimônio que lhe é submetido, manifesta-se tão-somente acerca de sua validade, isto é, verifica, no curso de um processo judicial, se, à época do matrimônio *in fieri* (matrimônio-ato) estiveram ou não presentes os pressupostos necessários para a validez do negócio jurídico. Assim, *v.g.*, reza o cânon 1.095:

> "*Sunt incapaces matrimonii contrahendi:*
>
> *1º qui sufficienti rationis usu carent;*
>
> *2º qui laborant gravi defetu discretionis iudicii circa iura et officia matrimonialia essentialia mutuo tradenda et acceptanda;*
>
> *3º qui ob causas naturae psychicae obligationes matrimonii essentiales assumere non valent.*"

---

[46] Mt 19, 1-9; Lc 16, 18 e Mc 10, 1-12.

Se o demandante (autor no processo canônico) provar que, ao matrimoniar-se, não fruía de maturidade psicológica suficiente para levar a cabo os graves misteres inerentes à vida conjugal, não houve casamento válido. Eis o ensinamento de *Júlio César Capparelli*, lente da Pontifícia Universidade Católica Santa Maria de Los Buenos Aires: " No caso do matrimônio, pressupõe um senso crítico referente àquilo que o matrimônio representa para a pessoa que deseja contraí-lo, bem como sobre as correlatas obrigações e a comunhão de vida a que se compromete."[47]

Em capítulo próprio, a respeito dos temas mistos, voltar-se-á ao matrimônio. Aqui deve-se apenas dar uma noção geral sobre o objeto deste ramo do Direito Canônico.

B — Direito penal canônico

À primeira vista, parece estapafúrdio que a Igreja, instituição que prega a caridade e o amor ao próximo, tenha um conjunto de normas que descrevem crimes e impõem penas, ou seja, um direito penal canônico. Como conciliar a caridade, *motor* da Igreja, com o direito penal ou criminal? É o que observa *Francesco Coccopalmerio*: " Não é necessário ser especialista em direito da Igreja em geral ou em direito penal em particular para saber que a opinião pública mostra dificuldade e, no limite, contrariedade, diante da parte — entre todas aquelas em que se articula a norma canônica — relativa ao direito penal."[48]

Na verdade, ao se fazer uma análise mais profunda do direito penal canônico e da própria missão da Igreja, vê-se que o direito penal não deixa de ser uma expressão da caridade evangélica. Se não, vejamos. Qual é o objetivo do direito penal canônico e do direito penal em geral? Diz-se que é tutelar bens relevantíssimos da comunidade, tanto da eclesial quanto da política (social). Por exemplo, o homicídio é considerado crime pelo código penal brasileiro.[49] O legislador, prevendo a

---

[47] CAPPARELLI, Júlio César, *Manual sobre o Matrimônio no Direito Canônico*, p. 96.

[48] COCCOPALMERIO, Francesco, *Problemas e Perspectivas de Direito Canônico*, p. 229.

[49] Artigo 121.

conduta e a pena para quem mata (reclusão de seis a vinte anos), desejou salvaguardar um bem valiosíssimo para toda sociedade: a vida; aliás, o mais sagrado dos bens que Deus nos dá.

O Direito Canônico, por intermédio de normas que descrevem condutas desairosas e estabelecem penas (a mais grave delas é a excomunhão), quer proteger valores muito caros do povo de Deus, corrigindo fraternalmente aqueles que enveredam por caminhos vis. Assim, por exemplo, estabelece o direito penal canônico[50]:

> "*Qui abortum procurat, effectu secute, in excommunicationem latae santentiae incurrit*".

A expressão técnica *latae sententiae* quer dizer *automaticamente*. A legislação estatal também pune quem comete aborto com uma pena que pode variar de um a três anos de detenção.[51] Excomunhão, como crêem muitas pessoas, não é uma espécie de expulsão do paraíso, lançando o excomungado ao inferno. Consiste a excomunhão no ato de segregar o excomungado da comunidade visível, impedindo-o, por exemplo, de freqüentar os sacramentos, sobretudo a eucaristia. Destarte, a excomunhão visa a afastar o excomungado da comunidade, com o intuito de forçá-lo à correção, à emenda. Expirado o prazo do decreto excomunicatório, o excomungado retorna à comunidade, sendo recebido de braços abertos pelos seus irmãos.

C — Direito processual canônico

Os canonistas gostam de se reportar a este ramo do Direito Canônico como uma plêiade de normas ancilares ou secundárias. Com efeito, há muito os processualistas têm postulado pela autonomia do direito processual, mormente em nível civil ou estatal. Rejeitam, pois, o epíteto de direito adjetivo[52].

O direito processual canônico tem como escopo regular a distribuição da justiça no seio da Igreja. Fá-lo mediante um instrumento técnico designado processo. Entende-se por pro-

---

[50] Cânon 1.398.

[51] CÓDIGO PENAL BRASILEIRO, artigo 124.

[52] SANTOS, Moacyr Amaral. *Primeiras Linhas de Direito Processual Civil*, p.18.

cesso um conjunto de atos tendentes a dar ao juiz condições de manifestar-se, de modo definitivo, sobre o direito em litígio[53]. Normalmente, todo processo canônico começa com uma peça processual denominada libelo (petição inicial na terminologia do direito processual civil) e termina com a sentença, que é o veredicto do juiz, o ato formal através do qual afirma-se a quem pertence o direito. Nas sociedades civilizadas, como é o caso da comunidade eclesial, aboliu-se o sistema da autotutela, em que o próprio interessado, ou seja, a pessoa cujo direito foi ameaçado ou violado, por si só, toma as providências necessárias para o exercício desembaraçado do seu direito. É o que a cotio se convencionou chamar de *justiça pelas próprias mãos*[54]. A Igreja houve por bem lançar mão do processo para efetivar a justiça.

Todo processo decorre de uma lide. A palavra lide significa litígio, embate, contenda. Dessarte, como acentua *Vicente Grecco Filho*, a petição inicial ou libelo não veicula necessariamente todas as dimensões da lide propriamente dita, sendo que o magistrado ou o órgão colegiado (caso do direito processual canônico) deve se jungir ao que estiver exposto no libelo, sob pena de proferir um julgamento *infra petita*, eivando a sentença de nulidade. Assim, nem sempre o que consta do libelo é exatamente o que se passou na vida real. De qualquer forma, o processo canônico está mais preocupado em buscar a verdade real, enquanto o processo civil perquire a verdade formal, segundo o princípio *quod non est in acta non est in mundo*.

Considerando o direito processual um meio muito útil para a consecução da justiça, o legislador determina que em nenhuma hipótese o bispo diocesano pode conceder dispensa de uma lei de natureza processual.[55] O mesmo se diga das leis penais, em razão da matéria que rege, qual seja a liberdade do ser humano.

Sem sombra de dúvida, o fulcro do processo canônico está na colheita das provas. Afirmou-se acima que o processo é entendido como um conjunto de atos que visam a compor o

---

[53] Ibidem, p.266.

[54] CÓDIGO PENAL BRASILEIRO, artigo 345.

[55] Cânon 87.

litígio ou lide. Pois bem, dentre esses atos sobressaem-se aqueles que têm o objetivo de produzir as provas das quais o órgão colegiado necessita para prolatar a sentença. Há vários tipos de provas: documentais, periciais, testemunhais. No direito processual canônico, mormente no que tange aos procedimentos para decretação de nulidade de matrimônio, aparece proeminente a prova testemunhal. São as pessoas que conheciam as partes antes do casamento, que tiveram notícia das desinteligências ocorridas, que presenciaram, enfim, fatos importantes.

A prova destina-se ao juiz. A função dela é fornecer elementos para que o juiz possa formar seu convencimento. Ademais, a prova incumbe a quem alega determinado fato. Desta feita, se o demandante afirma que seu casamento é nulo, toca-lhe produzir as provas que corroborem dita assertiva. No caso de decretação de nulidade matrimonial, não há propriamente contraditório entre as partes. O contraditório se estabelece entre as partes e o defensor do vínculo, cujo múnus é proteger o sacramento do matrimônio. Entretanto, se o defensor do vínculo verificar que se trata realmente de nulidade, nada obsta que ele a aceite, manifestando-se em prol da declaração da nulidade, em seu parecer.

O magistrado ou um grupo de magistrados (geralmente três — colégio judicante), com base nas provas colhidas, deve prolatar a sentença. Age, assim, à luz do princípio da persuasão racional, que é uma combinação entre o livre convencimento do juiz e o material probatório contido nos autos. Tal princípio é uma garantia de que o juiz não irá sentenciar arrimado exclusivamente na sua convicção íntima, mas levará em consideração tudo que fora discutido na causa.

D — Direito sacramental

Direito sacramental é a parte do Direito Canônico que cuida da administração dos sacramentos[56]. Apesar de a matéria *sacramentos* ser estritamente de ordem sobrenatural — porquanto os sete sacramentos foram instituídos por Jesus com o objetivo de transmitir as graças divinas aos homens —, o

---

[56] Cânon 840 e seguintes.

legislador quis regulá-los no código, salvaguardando, assim, a dignidade desses *meios salvíficos*. Os sacramentos estão presentes nos momentos mais prementes da vida: nascimento, casamento, morte etc. Sua função é coadjuvar o ser humano na caminhada rumo à plena realização, no céu. Eis os sacramentos: batismo, eucaristia, crisma, penitência, unção dos enfermos, matrimônio e ordem. O batismo torna a pessoa membro da comunidade dos crentes, sendo *conditio sine qua non* para a salvação[57]. A eucaristia, também conhecida como o santíssimo sacramento, é o alimento constante do cristão, ápice da vida espiritual, porquanto é o próprio Jesus que se faz presente sob as espécies de pão e vinho (transubstanciação). A crisma ou confirmação é o sacramento pelo qual o fiel adere mais explicitamente à Igreja, porque age sob o influxo de uma reflexão madura. Como o batismo, imprime caráter. A penitência, por seu turno, proporciona ao pecador o regresso à intimidade com Deus, rompida em razão do pecado, sobretudo do pecado mortal. A unção dos enfermos, antigamente chamada de extrema-unção, porque geralmente é administrada nos estertores da morte, hoje venceu os preconceitos e possui por escopo fortalecer a pessoa combalida pela doença, abrindo caminhos para a recuperação da saúde. O matrimônio é a instituição de direito divino-natural que liga um homem e uma mulher, com vistas na vida comum de amor e geração e educação da prole[58]. Por fim, o sacramento da ordem, que igualmente estampa caráter indelével, constitui os varões componentes da hierarquia: diáconos, presbíteros ou padres e bispos; estes, sucessores dos primeiros apóstolos.

O cânon 840 preceitua que os sacramentos constituem sinais e meios pelos quais se exprime e se robustece a fé, se presta culto a Deus e se realiza a santificação dos homens (*media quibus fides exprimitur et roboratur, cultus Deo redditur*). O direito sacramental pervade todo o ordenamento jurídico canônico[59]. No primeiro item deste trabalho, referimo-nos a esta peculiaridade do Direito Canônico ou eclesial, isto é, a missão de ser porta-voz dos valores evangélicos.

---

[57] Rm 6,1-14.

[58] Cânon 1055.

[59] MONTAN, Agostino, *Problemas e Perspectivas de Direito Canônico*, p. 147.

Toda a ação da Igreja é sacramental. Consoante o magistério de *Libero Gerosa*, "los sacramentos son en la Iglesia los principales actos jurídico-constitutivos, porque, en cuanto signos de comunicación, poseen una juridicidad emergente primaria e intrínseca, aunque sea do modo diverso, a todos los niveles de la comunión eclesial"[60]. Nota-se que os sacramentos formam uma infra-estrutura sobre a qual erige-se a vida comunitária. Contemplados com a luz da fé, os sacramentos são sempre ações de Cristo e da Igreja, já que foram confiados ao povo de Deus.[61] As normas declinadas no código têm a função de velar pela correta administração dos sacramentos, evitando eventuais nulidades. Outrossim, por serem os sacramentos instrumentos sobrenaturais de comunicação da salvação trazida por Jesus aos seres humanos, é sumamente necessário reger sua distribuição por uma questão de justiça, de modo que todos os fiéis possam gozar dos benefícios da redenção.

E — Direito patrimonial canônico

O princípio que norteia esta seara do Direito Canônico é o uso dos bens materiais a serviço do fim sobrenatural da Igreja. A propósito, discorre Daniel Faltin: "A Igreja, enquanto sociedade externa e visível de seres humanos, ou seja, compostos de almas e corpo, não pode prescindir daqueles bens que têm necessidade todos os homens."[62] O objeto do direito patrimonial consiste nos bens colocados à disposição da comunidade. A utilização desses bens deve corresponder ao desígnio salvífico da Igreja. Daí a importância de regras claras, inseridas no Livro V do diploma legal vigente.

A Igreja reivindica o direito originário de ser titular de propriedade, independentemente da aquiescência da autoridade estatal, podendo *acquirere, retinere, administrare et alienare valet ad fines sibi proprios prosequendos.*[63] O cânon refere-se à consecução dos fins para os quais a Igreja foi fundada. Portanto, qualquer desvirtuamento no emprego dos bens ensejará o vício do *desvio de finalidade*.

---

[60] GEROSA, Libero, *El Derecho de la Iglesia*, p. 152.

[61] PEREZ, Tomas Rincon, *Manual de Derecho Canónico*, p. 469.

[62] FALTIN, Daniel, *Problemas e Perspectivas de Direito Canônico*, p. 197.

[63] Cânon 1254.

Os doutrinadores costumam aludir a dois argumentos para justificar o direito de a Igreja possuir bens temporais; o primeiro teológico e o segundo de ordem natural. Relativamente ao aspecto teológico, diz-se que a Igreja, desde os albores, foi proprietária de determinados bens. Para a consecução de seu desiderato, isto é, a pregação do Evangelho, a Igreja, segundo esses autores, não poderia prescindir de certos meios materiais. Assim sendo, Jesus concedeu à Igreja o direito de posse sobre bens materiais. Como explica *Daniel Faltin*, "O ponto-chave desta argumentação é, evidentemente, além da instituição divina da Igreja, o de mostrar que o uso dos meios materiais é necessário para a consecução dos fins espirituais."[64] No que tange ao argumento de conteúdo natural, afirmam que no Estado democrático de direito qualquer associação faz jus a ter alguns bens, para dar continuidade à sua existência. A Igreja, sobre ser uma instituição divina, também se subsume ao conceito de associação ou sociedade, tendo, pois, direito indiscutível a dispor de bens materiais necessários.

A teoria da *sociedade perfeita* empresta sentido à legislação em vigor. Com efeito, se a Igreja detém a plenitude dos meios imprescindíveis para o cumprimento de sua finalidade de salvação dos homens, não lhe poderão faltar os instrumentos materiais. Neste comenos, é convinhável dizer uma palavra a propósito da locução *sociedade perfeita*. O epíteto *perfeito*, na ótica jurídica, não quer significar *sociedade ótima* ou *excelente*, mas designa a sociedade *acabada* ou *completa*. A Igreja entende-se a si mesma como uma sociedade (povo de Deus) que possui todos os recursos indispensáveis para a consecução de seu objetivo. Ela não necessita do Estado. O fim do Estado (sociedade política) é o bem comum. Já a causa final da Igreja, para usar a terminologia aristotélica, é o *bem comum sobrenatural*.

Muitos dos bens que a Igreja possui hoje em dia são oriundos de doações testamentárias ("mão morta").[65] Mormente o patrimônio imobiliário formou-se a partir desses legados. A Arquidiocese de São Paulo, por exemplo, é proprietária de gran-

---

[64] FALTIN, Daniel, *Problemas e Perspectivas de Direito Canônico*, p. 205.

[65] WALF, Knut, *Derecho Eclesiástico*, p.194.

de quantidade de prédios, terrenos e casas. Com o dinheiro arrecadado dos alugueres desses imóveis, provê-se o sustento digno do clero secular. Vê-se aqui um exemplo típico de excelente emprego dos bens materiais, exatamente dentro do espírito do código. A destinação desses bens deve, igualmente, obedecer à opção preferencial pelos pobres, que permeia cada ação da Igreja. Novamente a Arquidiocese de São Paulo aparece como exemplo da observância desse princípio evangélico. Há alguns anos vendeu-se um suntuoso palácio episcopal e, com a soma arrecadada, foram adquiridos vários terrenos na periferia da cidade, onde se construíram centros comunitários para a população carente.

O direito eclesial estabelece a obrigação de todo fiel de suprir as necessidades da Igreja referentemente à aquisição de bens necessários.[66] A primeira fonte de recursos é exatamente o aporte patrocinado pelos católicos, sobretudo os mais bem aquinhoados. É interessante perceber que o cânon 1263 dá suporte à elaboração de um direito tributário canônico, mesmo em nível da Igreja particular, porquanto outorga ao bispo diocesano o poder de exigir tributos (impostos, taxas) das pessoas jurídicas públicas, se bem que faça sérias reservas com relação às pessoas jurídicas de direito privado e às pessoas físicas, cujo carreamento de tributos só poderá ser cobrado *in casu gravis necessitatis et sub iisdem condicionibus, extraordinariam et moderatam exactionem imponere.*

[66] Cânon 1261.

CAPÍTULO II

DIREITO ESTATAL

1. DIREITO POSITIVO

No início do primeiro capítulo, declinou-se a definição de direito preconizada por Radbruch. Ficou demonstrado que, de certa forma, não há hierarquia entre o Direito Canônico e o direito estatal, vez que cada um destes ordenamentos legais ocupa-se de um campo próprio, ou seja, está imbuído de uma competência específica. O Direito Canônico codificado, além de direito divino positivo e natural, é, também, *direito* positivo eclesiástico, vale dizer, *posto* pela autoridade eclesiástica competente para reger a vida no grêmio da Igreja católica. Maria Helena Diniz, docente da Pontifícia Universidade Católica de São Paulo, após tecer vários comentários a respeito do conceito de direito, verbera a seguinte definição de direito positivo, secundando o grande jurisconsulto *Capitant*: "(...) o direito positivo é o conjunto de normas estabelecidas pelo poder político que se impõem e regulam a vida social de um dado povo em determinada época".[67] Ao elaborar esta definição, o jurisperito tinha em mente o direito estatal, porquanto fala em *poder político* e *povo*. Sem embargo, o direito eclesial também é oriundo de uma *hierarquia de direito divino* (a autoridade eclesiástica competente) e pertine a um *povo*: o conjunto dos católicos.

A maioria dos estudiosos não aceita a teoria do *monismo jurídico*[68], segundo a qual só é verdadeiramente *jurídico* o direito elaborado pelo Estado. Consoante esta teoria, já ultrapassa-

---

[67] DINIZ, Maria Helena, *Compêndio de Introdução à Ciência do Direito*, p. 243.

[68] MONTORO, André Franco, *Introdução à Ciência do Direito*, p. 28.

da, o Direito Canônico, ao lado de outros seguimentos do direito paraestatal (direito esportivo, direito social do trabalho etc.), não poderia ser considerado *direito propriamente dito*, pois o Estado teria o monopólio legislativo. Esta teoria é facilmente contrastada pela realidade, já que os fatos mostram quão vinculante é o Direito Canônico no dia-a-dia das relações no âmbito eclesial. A pujança dos tribunais eclesiásticos, por exemplo, desmistifica esta pseudo-teoria. O Direito Canônico é um fenômeno jurídico bastante vivo. Mobiliza advogados, juízes eclesiásticos, notários e centenas de pessoas que recorrem à justiça eclesiástica no afã de solucionar problemas de ordem jurídico-moral.

2. DIREITO OBJETIVO E DIREITO SUBJETIVO

Por direito objetivo, os doutrinadores entendem o "complexo de normas jurídicas que regem o comportamento humano, prescrevendo uma sanção no caso de sua violação".[69] São as leis que devem ser cumpridas em dado momento histórico, porque o direito é *per se* contingente. Assim, o atual Código Canônico constitui o direito objetivo por excelência. No campo do Estado, poderíamos mencionar os diversos códigos e leis, como o Código Civil e o Código Penal. Nestes diplomas, a autoridade pública, representante da sociedade política, veicula ditames normativos. O direito objetivo expressa-se no seguinte axioma latino: *ius est norma agendi*[70]. Note-se o acento que os legistas costumam dar no caráter sancionatório do direito objetivo. Deveras, a sanção é decerto a vida do direito; sem ela, não haveria paz jurídica, pois só cumpririam as leis os cidadãos mais virtuosos, sendo que a sociedade ficaria à mercê da volição de quem estivesse obrigado a adimplir um preceito jurídico. Tal não sucede no Estado. Se houver uma dívida, o credor faz jus ao crédito; o devedor tem de cumprir a prestação, qual seja, entregar o dinheiro ao credor. Se tal não ocorrer por culpa do devedor, este será admoestado a honrar o compromisso assumido, sob pena de o Estado proceder à execução forçada de bens, penhorando-os na quantidade necessária para a satisfação do crédito devido[71].

---

[69] DINIZ, Maria Helena, *Compêndio de Introdução à Ciência do Direito*, p. 244.

[70] MONTEIRO, Washington de Barros, *Curso de Direito Civil*, p. 5.

[71] Codigo de Processo Civil Brasileiro, artigo 591.

O Direito Canônico não dispõe de mecanismos sancionatórios mui eficazes, conforme referido algures. A sanção mais pesada no Direito Canônico será destarte a *excomunhão*. Para o crente, trata-se de uma punição formidável. Sem embargo, para a maioria das pessoas, a excomunhão é tão-somente um resquício do obscurantismo eclesiástico, algo que encaram anedoticamente.

Ao empregarmos a expressão *direito objetivo*, temos em mente as leis propriamente ditas, isto é, os comandos jurídicos elaborados pela autoridade constituída (Poder Legislativo), bem como os *costumes* (direito consuetudinário, forjado diretamente pelo próprio povo). Ademais, em acepção latíssima, o vocábulo *lei* abrange todas as normas jurídicas: lei escrita (códigos, consolidações, leis esparsas etc.), costume, jurisprudência etc.[72] Quando se fala em direito objetivo, os juristas procuram diferençar *direito* de *moral*. Conquanto reconheçam que ambos são conjuntos de normas, vêem nesta um grupo de regras sem o atributo da coercibilidade (sanção). Este é o discrímen principal a qual alude a maioria dos tratadistas. O professor *Washington de Barros Monteiro* apresenta um rol de *dessemelhanças* entre a moral e o direito objetivo. Segue-se a transcrição integral da lição do erudito lente da Universidade de São Paulo: "a) — o campo da moral é mais amplo (*non omne quod licet honestum est*). Abrange os deveres do homem para com Deus, para consigo mesmo e para com seus semelhantes. O direito é mais restrito; compreende apenas os deveres do homem para com os semelhantes; b) — o direito tem a coação, a moral é incoercível. A principal oposição entre a regra moral e a jurídica repousa efetivamente na sanção. Tendo em vista o fim a que se destina, a primeira só comporta sanções internas (remorso, arrependimento, desgosto íntimo, sentimento de reprovação geral). Do ponto de vista social, tal sanção é ineficaz, pois a ela não se submetem indivíduos sem consciência e sem religião. A segunda, ao inverso, conta com a sanção para coagir os homens. Se não existisse esse elemento coercitivo, não haveria segurança nem justiça para a humanidade. (...) c) — a moral visa à abstenção do mal e à

---

[72] MONTORO, André Franco, *Introdução à Ciência do Direito*, p. 30.

prática do bem, enquanto o objetivo do direito é evitar se lese ou se prejudique a outrem; d) — a primeira dirige-se ao momento interno, psíquico, volitivo, à intenção que determina o ato, ao passo que o segundo se dirige ao momento externo, físico, isto é, ao ato exterior. (...) e) — a moral é unilateral, o direito, bilateral; f) — este é mais definido, aquela mais difusa".[73]

O direito subjetivo pertence ao indivíduo, titular de direitos e obrigações. Assim, *v.g.*, o direito objetivo regula o exercício da propriedade em linhas gerais; contudo, só poderá exercer efetivamente a propriedade a pessoa que tiver o direito subjetivo de propriedade. Explica-se com um exemplo. Eu posso adquirir um imóvel (direito objetivo), mas ser-me-á garantida a posse desse mesmo imóvel quando eu desembolsar o montante correspondente à compra dele (direito subjetivo). Como se nota, o direito objetivo deriva do direito subjetivo.[74] Para *Kelsen*, não há que se falar em direito subjetivo. Na visão do jurista austríaco, a obrigação jurídica (direito subjetivo) não é senão a própria norma jurídica (direito objetivo). Prevalecem, entretanto, as teorias que afirmam a existência do direito subjetivo. Têm o seguinte desdobramento: a) teoria da vontade: o direito subjetivo é um poder da vontade (*Windscheid*); b) teoria do interesse: cuida-se do interesse juridicamente protegido (*Ihering*); teoria mista: associa o elemento vontade ao elemento interesse. *Jellinek*, corifeu desta tese, define o direito subjetivo como o interesse protegido que a vontade tem o poder de realizar.[75] O direito subjetivo é a *facultas agendi*, outorgada pelo direito objetivo.

3. DIREITO PÚBLICO E PRIVADO

A secular distinção entre direito público e privado também aplica-se à Igreja. Por exemplo, o direito administrativo canônico e o direito processual canônico, dizem os especialistas, são ramos do direito público eclesial. A propósito, a clássica divisão entre direito público e privado advém do direito ro-

---

[73] MONTEIRO, Washington de Barros, *Curso de Direito Civil, Parte Geral*, p. 3.

[74] GONÇALVES, Carlos Roberto, *Direito Civil, Parte Geral*, p. 5.

[75] *Ibidem*.

mano: *Hujus studii duae sunt positiones, publicum et privatum. Publicum jus est quod ad statum rei Romanae spectat, privatum quod ad singulorum utilitatem: sunt enim quaedam publice utilia, quaedam privatum.*[76] O direito público regulava as questões do Estado, ao passo que o direito privado disciplinava os problemas particulares.

Rafael Llano Cifuentes elaborou esta definição de *direito público eclesiástico*: " (...) sistema de leis sobre a Constituição e sobre os direitos da Igreja enquanto sociedade perfeita (ou soberana)."[77] O Direito Canônico faz a distinção entre *direito público eclesiástico interno* e *externo*. Aquele corresponde à constituição e conjunto de leis que regulam a existência da Igreja como sociedade perfeita; este tange às relações entre a Igreja e os diversos Estados.

Os civilistas, de um modo geral, afirmam que o *direito público* caracteriza-se pela presença do Estado num dos pólos da relação jurídica. São, inequivocamente, ramos do direito público *interno*: direito constitucional, direito penal, direito administrativo, direito tributário, direito processual civil e direito processual penal. O direito público *externo* constitui-se unicamente no *direito internacional público*. Quanto ao direito privado, *Franco Montoro* divide-o da seguinte forma[78]: direito privado *comum*: direito civil; direito privado *especial*: direito comercial, direito do trabalho e direito internacional privado.

4. RAMOS DO DIREITO ESTATAL

Passaremos a discorrer, laconicamente — na perspectiva desta monografia — sobre os diversos ramos do direito estatal. Evidencia-se que assim no Direito Canônico como no estatal, a tendência é a especialização do saber e do conteúdo jurídicos.

---

[76] DINIZ, Maria Helena, *Compêndio de Introdução à Ciência do Direito*, p. 249.

[77] CIFUENTES, Rafael Llano, *Curso de Direito Canónico*, p. 17.

[78] MONTORO, André Franco, *Introdução à Ciência do Direito, I Vol.*, p. 129.

A — Direito público interno

A1. Direito constitucional

A Constituição é a lei máxima do Estado. Diz-se, por isso, que ela é a *lex legum*. Há várias maneiras de se classificar a Constituição. Uma das classificações mais úteis é a que tange à mutabilidade das normas constitucionais. *Michel Temer* leciona que a Constituição pode ser rígida, flexível ou semi-rígida.[79] Rígida é a Constituição que não admite emenda, a não ser por processo altamente complexo, com necessidade de votação expressiva (maioria qualificada: dois terços dos membros do Poder Legislativo). Além disso, a Constituição rígida, como é o caso da brasileira, costuma conter um elenco de direitos que formam a chamada *claúsula pétrea*; não se admite sequer a propositura de emenda que tente modificar esses preceitos.[80] Chama-se flexível ou plástica a Constituição que pode ser emendada com facilidade, sem a necessidade de processo especial. A *Carta política* inglesa é um exemplo clássico de Constituição flexível. Um mandamento constitucional poderá ser revogado por qualquer lei ordinária, infraconstitucional. Não há exigência de quórum e procedimento especiais. Por fim, existe a Constituição semi-rígida; certas normas só podem ser alteradas mediante um processo complexo, enquanto outras são facilmente modificadas. Trata-se, como se vê, de uma forma híbrida de Constituição; uma mescla entre o tipo rígido e o plástico.

Toda Constituição deve regular dois assuntos, obrigatoriamente, a saber: direitos e garantias individuais e repartição dos poderes.[81] O Estado visa ao bem comum do povo, por conseguinte, o capítulo da Constituição sobre os direitos individuais é essencial. Dão-se garantias ao cidadão, as quais o próprio Estado está compelido a respeitar. A Constituição salvaguarda o princípio de que a pessoa humana é a medida de qual-

---

[79] TEMER, Michel, *Elementos de Direito Constitucional*, p. 29.

[80] Constituição da República Federativa do Brasil, artigo 60, § 4º

[81] "Indubitavelmente, existe um núcleo material nas Constituições sem o qual não se pode falar em Estado. Se este pressupõe *organização* e se esta é fornecida por instrumentos normativos cogentes, imperativos, derivam eles do exercício do poder. Assim, é norma *substancialmente* constitucional aquela que identifica o *titular* do poder." (TEMER, Michel, *Elementos de Direito Constitucional*, p. 23)

quer lei e instituição, estando ela acima do Estado. Além disso, a Constituição serve para dar o parâmetro para a elaboração das outras leis (normas infraconstitucionais). No sistema de Constituição rígida, nenhuma lei que malfira a Constituição poderá subsistir; será lancetada do ordenamento jurídico em virtude de contrastar com os preceitos constitucionais. Presume-se que a Constituição albergue os valores mais caros da sociedade política, daí a impossibilidade da existência de qualquer norma jurídica *inconstitucional*.

A Constituição rígida contém a chamada *cláusula pétrea*[82]. Trata-se, geralmente, das normas que regem a forma de estado, o voto direto, secreto universal e periódico, a separação dos poderes e os direitos e garantias individuais. No Brasil, a pena de morte, por exemplo, não é passível nem mesmo de deliberação, haja vista o disposto no artigo 5º, *caput*, da Constituição, no capítulo acerca dos direitos e garantias individuais.[83]

Finalmente, a Constituição pode ser *escrita* ou *costumeira*. No primeiro caso, como ensina *Maria Helena Diniz*, há um conjunto de normas reunidas num só corpo. A Constituição de natureza costumeira, por seu turno, é "composta de normas esparsas, em regra consuetudinárias, que não se encontram reunidas num só texto formando um conjunto único."[84] As Constituições escritas são via de regra rígidas.

A2. Direito administrativo

Este esgalho do direito público tem por escopo a regulação dos fins do Estado. A Constituição dá o alicerce, constrói o *esqueleto* do Estado ou sociedade política. Fazendo uma analogia com a medicina, deve-se afirmar que o direito constitucional cuida da *anatomia* do Estado, ao passo que o direito administrativo seria a *fisiologia*. Eis uma definição lapidar de direito administrativo, da lavra de *Hely Lopes Meirelles*, um dos maio-

---

[82] Constituição da República Federativa do Brasil, artigo 60, § 4º

[83] "Todos são iguais perante a lei, sem distinção de qualquer natureza, garantindo-se aos brasileiros e aos estrangeiros residentes no País a **inviolabilidade do direito à vida**, à liberdade, à igualdade, à segurança e à propriedade (...)" (artigo 5.º, *caput*, sublinhas do monografista).

[84] DINIZ, Maria Helena, *Compêndio de Introdução à Ciência do Direito*, p. 257.

res administrativistas do Brasil: "O conceito de Direito Administrativo Brasileiro, para nós, sintetiza-se no conjunto harmônico de princípios jurídicos que regem os órgãos, os agentes e as atividades públicas tendentes a realizar concreta, direta e imediatamente os fins desejados pelo Estado."[85] Não há um *código administrativo*, como há um civil ou penal. O direito administrativo compõe-se, assim, de leis esparsas e também de princípios, como acentua o saudoso administrativista acima referido.

Note-se, outrossim, que o objeto do direito administrativo estatal são os órgãos, agentes e as atividades públicas. *Órgãos* são núcleos compostos quase sempre por mais de uma pessoa, com uma incumbência específica. *Agentes* são as próprias pessoas físicas, titulares de algum cargo ou função. *Atividades públicas* representam a conduta do administrador com vistas em realizar o fim do Estado. Um dado muito importante com relação ao direito administrativo estatal é o princípio da legalidade. O particular pode agir como quiser, desde que não ocorra proibição legal. Já o administrador só poderá agir na hipótese de a lei determinar que ele aja. Ademais, a maioria dos atos administrativos são *vinculados*, isto é, já estão devidamente traçados pela lei. Ao legislador toca tão-somente cumpri-los. Não há, nesses casos, oportunidade de o administrador agir de acordo com seu querer. Só lhe será dada esta faculdade no chamado ato *discricionário*. Neste tipo de ato administrativo, há sempre uma margem da vontade do administrador. Mas, eles são poucos. Aparecem apenas nas situações em que são absolutamente necessários. No direito administrativo estatal vige o império da lei, pois esta é emanação dos anelos do povo.

Existem dois princípios importantíssimos no direito administrativo: o princípio da supremacia do interesse público sobre o privado e o princípio da indisponibilidade, pela administração, dos interesses públicos.[86] É elementar que o interesse público seja privilegiado numa sociedade democrática. À aludida conclusão chega-se com o mais comezinho bom senso,

---

[85] MEIRELLES, Hely Lopes, *Direito Administrativo Brasileiro*, p. 24.

[86] MELLO, Celso Antônio Bandeira, *Curso de Direito Administrativo*, p. 29-35.

porque é inconcebível que o particular faça sua vontade individual e seus interesses (muitas vezes egoísticos) prevalecerem sobre os objetivos e interesses de toda a sociedade. Percebe-se a manifestação desse princípio até em acontecimentos corriqueiros: por exemplo, o ônibus tem preferência de tráfego em certas vias públicas. Por quê? Ora, em razão de ele ser um veículo que conduz um grande número de pessoas (interesse coletivo), em detrimento do automóvel, que transporta no máximo cinco pessoas ou até mesmo uma, como tem ocorrido atualmente (interesse individual). No que tange à indisponibilidade dos interesses públicos, parece que aludido axioma é bastante óbvio, porquanto cumpre ao administrador zelar pelos interesses que não pertencem a ele, pessoa física, mas a toda a comunidade, que lhe confiou o encargo de proteger esses bens. Não seria justo, pois, que o administrador público (tanto o estatal como o canônico) pudesse dispor de interesses sociais, a seu bel-prazer, deixando, v.g. de praticar determinado ato de ofício.

A Igreja dispõe igualmente de um direito administrativo[87]. Os conceitos genéricos do direito administrativo estatal podem ser empregados no direito administrativo canônico. O direito administrativo canônico regula a ação do Poder Executivo. São mormente os atos do bispo, na qualidade de executor, que estão sob a égide deste ramo do direito. A peculiaridade que há na Igreja em relação à maioria dos Estados diz respeito à corte administrativa, que existe no âmbito do direito eclesial, mas não na esfera estatal. Assim, quem se insurgir contra um ato administrativo praticado no grêmio da Igreja, terá de recorrer à corte administrativa, ou seja, à *altera sectio*[88] da Assinatura Apostólica. Ao passo que no Estado, como o Brasil, por exemplo, o Poder Judiciário dirime quaisquer controvérsias que houver, sejam elas sobre questões particulares ou a propósito de atos administrativos. Adotou-se entre nós o *sistema anglo-saxão* ou de *jurisdição única*. Na França, ao contrário, vige o sistema de separação absoluta entre os poderes, sendo que somente um tribunal administrativo poderá julgar contendas advindas da prática de atos administrativos[89].

---

[87] Cânones 35 a 93.

[88] Constituição Apostólica *Pastor Bonus*, artigo 123.

[89] PLÁCIDO e SILVA, *Vocabulário Jurídico*, Vol.II, p.418.

Poderíamos dizer que o direito administrativo se distingue da ciência da administração, pois aquele ocupa-se da *administração pública* no seu caráter formal e jurídico, ao passo que esta encara a administração no seu caráter técnico e material.[90]

A3. Direito tributário

Para que o Estado possa cumprir o fim para o qual foi erigido, qual seja o bem comum, é necessária a arrecadação de certo numerário. Com essa pecúnia, o Estado poderá construir hospitais, escolas, vias públicas etc., viabilizando a vida dos cidadãos. O direito tributário nada mais faz do que regular a coleta desse dinheiro, precipuamente mediante os seguintes mecanismos: impostos, taxas e contribuições de melhoria. São as espécies de tributo que existem, pelo menos no direito tributário brasileiro[91] . Deveras, o direito tributário é um instrumento muito eficaz na consecução da justiça distributiva, porque todos pagam impostos, principalmente os mais aquinhoados, que pagarão uma porcentagem proporcionalmente maior, em proveito da comunidade inteira. Há, com efeito, um direito tributário canônico, como se pôde ver sucintamente no primeiro capítulo.

Numa análise rápida, parece inverossímil a existência de um direito tributário canônico, vale dizer, um conjunto de normas jurídicas que regule relações envolvendo tributos no âmbito da Igreja. O legista incauto pode ter tal impressão em virtude de não estar afinado com os meandros do Direito Canônico, ou quiçá por enxergar na Igreja uma instituição em que os dinheiros arrecadados dependem exclusivamente da liberalidade dos católicos. Contudo, o Código Canônico efetivamente rege a questão tributária. Aliás, não poderia ser de outra forma, porquanto o tributo ou imposto, em sentido lato, consiste no carreamento de certo montante pecuniário à determinada entidade (Estado ou Igreja), com vistas na consecução da justiça legal ou no bem comum. Sendo assim, não é lícito que nenhum crente se esquive da obrigação de coadjuvar a Igreja

---

[90] *Ibidem*, Vol.I, p. 77.

[91] Codigo Tributário Nacional, artigo 5º

no atingimento dos celsos misteres para os quais ela foi erigida. Deveras, Cristo Jesus fundou a Igreja a fim de que todos os homens sejam salvos. Diz o princípio supremo da lei canônica: *salus animarum suprema lex est*[92]. Não sendo uma instituição meramente carismática, isto é, espiritual, a Igreja, enquanto comunidade visível de pessoas que professam a religião cristã, necessita de normas jurídicas.

O Código Canônico tem um capítulo específico acerca do problema tributário. Ao regular a referida matéria, o legislador eclesiástico quis salvaguardar bens relevantíssimos para o povo de Deus. Fê-lo com espeque em taxas e impostos. Houve por bem forjar mecanismos para que a fábrica eclesial seja preservada, máxime nos momentos mais prementes. Assim no grêmio da Igreja como no terreno do Estado, é imprescindível que os respectivos membros contribuam para a mantença dos dois corpos coletivos. O cidadão paga impostos compulsoriamente; o católico, por seu turno, é instado a colaborar com dízimos e esmolas, mas também pode ser juridicamente compelido à entrega de pecúnia, sob a forma de tributo, exatamente como sucede na seara do direito estatal.

O dízimo, malgrado consista numa liberalidade, cumpre basicamente três funções na Igreja, a saber: social, religiosa e comunitária. Diz-se que um dos atributos dessa oferenda tem conotações sociais, porque com essa arrecadação visa-se a atender às necessidades do povo carente, sobretudo dos mais pobres, pelos quais Cristo fez uma opção clara[93], embora não exclusiva nem excludente. No que toca à função religiosa, o dízimo é assaz importante, pois mantém as despesas ordinárias com o templo (luz, água etc.), bem como as obrigações de ordem trabalhista, propiciando, assim, a constante execução da liturgia. Finalmente, no que se refere ao seu aspecto comunitário, é importante frisar o papel que o dízimo desempenha, conhecido por todos.

Volvemos ao direito tributário estatal, tema do qual ora nos ocupamos. Determinados fatos, conhecidos por *fatos imponíveis* ou *fatos geradores*, ensejam a cobrança de tributos.

---

92 Cânon 1752.

93 Lc 4,18.

Quem, *v.g.*, aufere rendas de qualquer tipo (salário, prêmios, heranças etc.), tem de pagar um tributo chamado Imposto de Renda. Quando adquirimos um automóvel, parte do montante desembolsado destina-se a um imposto conhecido por IPI (Imposto sobre Produtos Industrializados). E assim avante. O tributo, se bem aplicado, é um excelente meio de distribuição de renda. Os abastados contribuem com maior montante, suprindo, assim, a carência daqueles que não têm o suficiente para uma vida condigna. Repita-se: o Direito Canônico também prevê a possibilidade de o bispo cobrar tributos, máxime de pessoas jurídicas de direito público[94]. No entanto, se a necessidade for premente, nada obsta que o bispo torne compulsória a cobrança de certos tributos.

A4. Direito processual civil e penal

O Direito Canônico ou eclesial exerceu uma importantíssima influência no direito processual estatal moderno. Referimonos principalmente ao direito de base romanística, isto é, escrito. Sem embargo, o direito anglo-saxão, consuetudinário, conheceu outros caminhos, embora o Direito Canônico sempre tenha sua relevância. O direito processual penal brasileiro, por exemplo, está fulcrado no direito processual canônico com bastante nitidez. No terceiro capítulo desta monografia, quando expenderem-se algumas palavras a respeito das influências recíprocas entre o Direito Canônico e o direito estatal, analisar-se-á o problema do direito processual.

O que se disse acerca do direito processual canônico pode ser aplicado sem reservas ao direito processual estatal, civil ou penal. Trata-se, como vimos, de um ramo do direito público que visa a coadjuvar o Estado na aplicação da lei e, por esse motivo, sendo um *auxiliar*, recebe o epíteto de *direito adjetivo.*[95] Note-se que a canonística não tem qualquer escrúpulo

---

[94] Cânon 1263.

[95] "O direito processual civil é, assim, por sua própria natureza e finalidade, um instrumento a serviço do direito material: todos os seus institutos básicos (jurisdição, ação, exceção, processo) são concebidos e justificam-se no quadro das instituições do Estado pela necessidade de garantir a autoridade do ordenamento jurídico. O objeto do direito processual reside precisamente nesses institutos e eles concorrem decisivamente para dar-lhe sua própria individualidade e distingui-lo do direito material." (Antônio Carlos de Araújo Cintra et alii, *Teoria Geral do Processo*, p. 15)

no emprego desta expressão. Todavia, para os juristas que se debruçam sobre o estudo do direito processual civil (processualistas), a locução *direito adjetivo* é-lhes extremamente desairosa, porquanto propugna-se pela total autonomia do direito processual em face do direito material (direito civil, direito tributário, direito constitucional, direito comercial etc.).

O escopo do direito processual civil, então, é viabilizar a aplicação de normas jurídicas de caráter extra-penal (direito civil, direito comercial, direito tributário, direito comercial etc.). Deveras, tanto na comunidade eclesial quanto na política, as pessoas costumam cumprir as leis por sua própria volição. Encaram este comportamento como um dever cívico e até mesmo religioso, no caso dos membros da Igreja. Este proceder é a *vida* do direito: sua *fisiologia*. As lides, surgidas pelo conflito de interesses entre as pessoas, constituem a *patologia* do direito, sendo levadas ao Poder Judiciário para que se diga com quem está a razão. O direito processual civil é a *ferramenta* que o juiz empregará para compor esses litígios de ordem civil em sentido lato (direito civil propriamente dito, direito comercial, direito tributário, direito constitucional, direito administrativo etc.).

Relativamente ao direito processual penal, não há muito o que acrescentar. Frise-se, entretanto, que referido direito está mais atento à *verdade real* do que o direito processual civil. Todos conhecem o princípio expresso no adágio latino *quod non est in actus non est in mundo*. Esta máxima deve ser utilizada preferentemente no que toca ao direito processual civil, que está interessado na *verdade formal*, vale dizer, na verdade dos autos, que pôde ser apurada na instrução do processo, com todas as falhas e limitações. Por outro lado, o direito processual penal já se destina a obter, tanto quanto possível for, a verdade real, haja vista os bens que estão em jogo, maiormente a liberdade do réu. À luz deste princípio, muita vez o direito processual penal pode até mesmo *atropelar* certos atos ou formas, com o objetivo de preservar a verdade. Outro aspecto considerável é o fato de o direito processual penal servir como meio de atuar exclusivamente o direito penal. O direito processual civil, como vimos linhas acima, ajuda o juiz a aplicar normas pertencentes a qualquer ramo do direito, ao passo que o direito processual penal é ancilar somente em referência ao direito penal. No resto, todos os institutos do direito processual civil, como *petição, contestação, oitiva de testemunhas, alegações finais, sentença*, estão presentes em ambos processos, bem como no direito processual canônico.

A5. Direito penal

Os juristas definem *crime* como um *fato típico, antijurídico* e *culpável*[96]. Via de regra, os princípios e normas do direito penal estatal podem ser encontrados no direito penal canônico. O direito penal estatal visa a coibir a prática de crimes[97]. Geralmente, vem expresso num *código penal*. Aliás, podemos asseverar que dentro do Código Canônico há um autêntico *código penal canônico.*[98] Os códigos penais são divididos basicamente em duas partes: parte geral e parte especial. A primeira cuida de critérios universais para a aplicação da pena, enquanto que a segunda declina os crimes específicos e acoima as penas respectivas. O direito penal estatal é absolutamente fiel ao princípio consoante o qual não haverá crime sem prévia lei que o defina.[99] O homicídio é um delito odioso tanto para o direito penal canônico como para o direito penal estatal.[100] Contudo, só poderão ser punidos os fatos que estiverem descritos no código penal, denominados *fatos típicos*. Por esta razão, afirma-se que o crime é um fato típico, ou seja, descrito na norma, como, por exemplo, "injuriar alguém, ofendendo-lhe a dignidade ou o decoro".[101] Percebe-se que essa conduta é sempre expressa através de um verbo*: matar, injuriar*, *roubar* etc.

Outro elemento da definição de crime é que o fato, sobre ser típico, tem de ser igualmente *antijurídico*, vale dizer, proibido pelo direito. Assim, se uma pessoa mata a outra, pratica o tipo, ou melhor, subsume-se ao tipo, para usar a linguagem

---

[96] MIRABETE, Júlio Fabrini, *Manual de Direito Penal*, p. 91.

[97] *Ibidem*, p. 22.

[98] Cânones 1311 a 1399.

[99] "Não há crime sem lei anterior que o defina. Não há pena sem prévia cominação legal."(Código Penal Brasileiro, artigo 1º)

[100] "Matar alguém: pena – reclusão de seis a vinte anos." (Código Penal Brasileiro, artigo 121).

[101] Código Penal Brasileiro, artigo 140.

técnica. Contudo, não se falará em crime se o homicídio foi perpetrado em *legítima defesa*, vez que o direito permite o uso desse expediente para salvaguardar a própria vida. Neste caso, portanto, dir-se-á que o fato é típico, isto é, está descrito no código, mas também está acobertado pelo direito. O sujeito que praticou a ação não sofrerá as sanções do Estado. Finalmente, o fato deve ser outrossim *culpável*. O que significa isto? O sujeito só responderá pelo fato praticado se se provar que no momento da prática do delito, ele estava em pleno uso da razão. Se um louco mata outrem, não poderá responder criminalmente, porque, em que pese ter o amente praticado um ato típico (descrito no código), antijurídico (proibido pelo direito), não se pode asserir que tal comportamento é culpável, já que o insano não pode ser responsabilizado pelos seus atos.

A vida em sociedade necessita da intervenção do direito penal.[102] Sem embargo, é necessário enfatizar que o fim ou a teleologia do direito penal é a recuperação do infrator. Não se pune simplesmente pelo fato de alguém ter praticado um delito. Fá-lo precipuamente tendo em vista a regeneração da pessoa que delinqüiu, com vistas no regresso dela ao convívio social. Sem esta conotação, o direito penal torna-se um reles instrumento de vingança. Sem sombra de dúvida, o direito penal do Estado também possui um caráter medicinal, como seu congênere canônico. Como se observou sobre o direito penal canônico, seu desiderato é fazer com que o delinqüente arrependa-se do ato cometido e volte ao convívio comunitário. A pena tem um caráter de remédio; objetiva ajudar o infrator a se reerguer enquanto ser humano, pois todo delito, de certo modo, macula a dignidade da pessoa humana.

Hoje em dia, tendo em vista as péssimas condições das prisões, luta-se por uma reforma cabal no direito penal do Estado, em que se privilegiem penas como multa ou prestação

---

[102] "A vida em sociedade exige um complexo de normas disciplinadoras que estabeleça as regras indispensáveis ao convívio entre os indivíduos que a compõem. O conjunto dessas regras, denominado direito positivo, que deve ser obedecido e cumprido por todos os integrantes do grupo social, prevê as conseqüências e sanções aos que violarem seus preceitos. A reunião das normas jurídicas pelas quais o Estado proíbe determinadas condutas, sob ameaça de sanção penal, estabelecendo ainda os princípios gerais e os pressupostos para a aplicação das penas e das medidas de segurança, dá-se o nome de Direito Penal." (Júlio Fabrini Mirabete, *Manual de Direito Penal*, *Vol.1*, p. 19.

de serviços à comunidade. A realidade tem demonstrado que a cadeia, por si só, não é um elemento de regeneração; muito pelo contrário: esses xadrezes revelam-se a cotio verdadeiras *escolas do crime*. Se a pessoa que cometeu uma infração for obrigada a prestar serviços comunitários, como, por exemplo, trabalhar numa creche, há muito mais probabilidade de essa pessoa recompor-se moral e socialmente.

Um derradeiro fator que tem de ser apreciado nesta sucinta análise do direito penal estatal é o problema do desnível social. A maior parte das pessoas que estão presas ou de algum modo sofrendo sanções penais cometeram crimes contra o patrimônio (roubo, furto etc.). Este dado já revela a grande desigualdade social que permeia os países do chamado terceiro mundo. Nesse sentido, o direito penal estatal, malgrado necessário, não deixa de cumprir um papel opressor, dando privação de liberdade enquanto deveria outorgar condições de vida digna a todas as pessoas, com emprego, salários decentes[103] etc. O direito penal estatal desempenha o papel de controlador das massas, mantendo os privilégios e benesses das elites afluentes.

B — Direito público externo

B1. Direito internacional público e privado

A relação entre os povos, principalmente decorrente do intercâmbio comercial, provocou a formação do direito internacional público. Compreende este ordenamento jurídico um conjunto de regras que regem as relações entre os diversos Estados e organismos internacionais (ONU, UNESCO, OIT, OMS, FAO etc.).[104] Não que o objeto deste ramo jurídico sejam normas de natureza estritamente comercial, mas a atividade mercantil fez com que os povos se aproximassem e, por conseguinte, suscitou a necessidade de um conjunto de normas jurídicas que regulassem essa mútua convivência.

Os Estados são soberanos. Assim, torna-se impossível que o direito internacional público seja dotado do atributo da coercibilidade ou sanção. Se determinado país ou Estado re-

[103] Constituição da República Federativa do Brasil, artigo 170.

[104] DINIZ, Maria Helena, *Compêndio de Introdução à Ciência do Direito*, p. 261.

cusar-se ao cumprimento de algum preceito de ordem internacional, nada nem ninguém poderá compeli-lo a agir, porquanto, como leciona Maria Helena Diniz, existe entre os Estados uma relação de *coordenação*, com igualdade jurídica, e não *subordinação*[105]. Neste sentido, do ponto de vista jurídico, não há nenhuma diferença entre os Estados Unidos, potência riquíssima, e Botswana, paupérrimo país africano.

É o direito internacional público que regulamenta as *concordatas*, isto é, os pactos internacionais em que num dos pólos da relação contratual aparece a Santa Sé. Nesta sorte de avença, Igreja e Estado, de comum acordo, celebram *contratos* que amiúde versam sobre questões como ensino religioso, forças armadas e matrimônio. Itália e Santa Sé pactuaram uma concordata que dispõe acerca da soberania da Cidade do Vaticano. Há várias concordatas em vigor no mundo inteiro. Portanto, sempre que se ouve a expressão *concordata*, sabe-se que se trata de uma avença ou pacto internacional entre algum Estado soberano e a Santa Sé. Esta é a lição de *Francisco Rezek*: " Apenas o termo concordata possui, em direito das gentes, significação singular: esse nome é estritamente reservado ao tratado bilateral em que uma das partes é a Santa Sé, e que tem por objeto a organização do culto, a disciplina eclesiástica, missões apostólicas, relações entre a Igreja católica local e o Estado co-pactuante."[106]

Sobre o direito internacional privado discorre brilhantemente *Maria Helena Diniz*: "O direito internacional privado regulamenta as relações do Estado com cidadãos pertencentes a outros Estados, dando soluções aos conflitos de leis no espaço ou aos de jurisdição. O direito internacional privado coordena relações de direito civil e criminal no território de um Estado estrangeiro. É ele que fixa, em cada ordenamento jurídico nacional, os limites entre esse direito e o estrangeiro, a aplicação extranacional do primeiro e a do direito estrangeiro no território nacional."[107] Entre nós, no Brasil, há uma lei, chamada de Lei de Introdução ao Código Civil, que se encontra

---

[105] DINIZ, Maria Helena, *Compêndio de Introdução à Ciência do Direito*, p. 261.

[106] REZEK, José Francisco. *Direito Internacional Público*, p. 17.

[107] DINIZ, Maria Helena. *Compêndio de Introdução à Ciência do Direito*, p. 263.

no código civil, porém é supra-codicial, referindo-se à aplicação de todas as outras normas jurídicas[108]. Há nesse diploma preceitos sobre o direito internacional privado, regulando, por exemplo, questões afetas à herança de estrangeiros e matrimônio entre estrangeiro e nacional.

C — Direito privado

C1. Direito civil

O direito civil é o direito por excelência. Nele os outros ramos jurídicos abeberam-se, encontrando consideráveis subsídios. Os canonistas, muita vez, identificam o direito civil com o direito estatal. Ao lume desta ótica, pode-se, então, afirmar que existe um direito civil propriamente dito, cuja lei mais importante é o código civil.

O direito civil tem origem no direito romano. Naquela época, abrangia normas de qualquer jaez, não somente as civis, mas, também, as de natureza criminal. Na Idade Média, o direito civil identificou-se com o romano. Hodiernamente, o direito civil tem por objeto as relações familiares, patrimoniais e obrigacionais que se formam entre indivíduos na qualidade de membros da sociedade.[109] A esse propósito, com o intuito de perquirirmos o escopo de direito civil, bastante elucidativo é o artigo primeiro do Código Civil Brasileiro: "Este código regula os direitos e obrigações de ordem privada concernentes às pessoas, aos bens e às suas relações."

O direito civil, tal qual o Direito Canônico, disciplina o modo de ser e de agir de todos os indivíduos, sem levar em consideração aspectos como nível social, profissão etc. Situações idênticas a todos, como casamento, nascimento, morte etc. regemse pelo direito civil[110]. O direito civil nada mais faz do que reger as relações simples do dia-a-dia. Há alguns princípios fundamentais que norteiam o direito civil. Estão assim no Código Civil como na Constituição: princípio da personalidade, autonomia da vontade, liberdade de estipulação negocial, propriedade

---

[108] Decreto-Lei n. 4.657, de 4 de setembro de 1942.

[109] DINIZ, Maria Helena. *Compêndio de Introdução à Ciência do Direito*, p.265.

[110] Código Civil Brasileiro, Part.Especial, artigo 180 e seguintes.

individual, intangibilidade familiar, legitimidade da herança e do direito de testar, e solidariedade social. Os demais ramos do direito privado destacaram-se do direito civil por uma necessidade de especialização, isto é, necessidade de atender aos interesses próprios de uma categoria social, como os comerciantes, por exemplo (direito comercial).

Há no código civil e no direito civil como um todo muitas normas que são *canonizadas* pelo direito eclesial. Assim, por exemplo, as questões pertinentes à adoção devem ser tratadas consoante o regramento civil, referendado pelo Direito Canônico, desde que não atente contra a moral e os bons costumes e ao direito divino, bem como não haja determinação contrária do Direito Canônico.[111]

O Código Civil Brasileiro é outrossim um marco e referência da língua portuguesa. Afinal de contas, passou pelo crivo de *Rui Barbosa*, um dos maiores juristas e conhecedores do idioma de *Camões*. De um modo geral, os códigos civis sempre desempenharam um papel assaz relevante. O Código Canônico ab-rogado manteve uma estrutura semelhante a de um código civil contemporâneo. Com a publicação do atual código, deu-se preferência a outra metodologia, mas nem por isso não se levaram em consideração as excelentes e auspiciosas técnicas da codificação civil.

C2. Direito comercial

Se existe um elo que sempre uniu os homens, não estamos a falar da religião, mas do comércio. Com efeito, para comerciar, muçulmanos e cristãos, desde os albores dessas religiões, esqueceram suas diferenças e colocaram-se em pé de igualdade. Poder-se-ia dizer que o direito comercial serviu para aproximar os homens. Foi e é, sem sombra de dúvida, um grande bem para a humanidade. Aliás, na Baixa Idade Média, os contatos dos cruzados com outros povos fez aparecer o direito comercial, principalmente nas cidades italianas (Veneza, Florença, Gênova e Amalfi)[112].

Em sua origem, o direito comercial é um direito estatutário e, basicamente, consuetudinário. Aliás, este é o ramo do direito que contém o maior número de costumes, porque as

---

[111] Cânon 22.

[112] BULGARELLI, Waldirio. *Direito Comercial*, p. 29.

relações entre os comerciantes, antes de qualquer intervenção legal do Estado, regem-se pelos chamados costumes do comércio, que são sempre muito respeitados, vez que da sua estrita observância depende a continuidade da própria atividade mercantil, tão importante para os povos. Com *Valdirio Bulgarelli*, pode-se conceituar o direito comercial como o ramo do direito privado que regula a profissão dos comerciantes e os atos considerados comerciais.[113]

Hoje em dia, já não se fala tanto em comerciantes, pessoas físicas, ou pequenos grupos de pessoas que exercem a atividade comercial. Nos dias atuais, o direito comercial passou a ser praticamente o direito das empresas. Assim, os exercentes do comércio ou atividade mercantil são os grandes conglomerados nacionais e internacionais. São estas pessoas jurídicas que estão efetivamente sob a égide do direito comercial.

C3. Direito do trabalho

Quando se fala em direito do trabalho, pensa-se nas figuras do *empregado* e *empregador*. De um lado está a pessoa que *vende* sua força de trabalho, em troca de uma remuneração denominada *salário*. No outro lado, encontra-se o empresário ou industrial ou qualquer pessoa que necessite dessa força de trabalho para gerir um negócio. Ambos estão sob a égide do direito do trabalho. Trata-se, pois, de um conjunto de normas que dirigem a atividade laborativa.

Diz-se que o direito do trabalho é um ramo jurídico que tem em vista salvaguardar os direitos das classes hipossuficientes, vale dizer, dos trabalhadores. Por esta razão, o trabalhador ou empregado, mesmo que queira, não pode dispor de certos direitos, que são irrenunciáveis. Deste modo, v.g., mesmo que o empregado assine uma declaração, renunciando ao gozo de férias, tal papel será absolutamente írrito e não surtirá nenhum efeito. Numa eventual reclamação trabalhista (ação na Justiça do Trabalho), o patrão estará obrigado a ressarcir o empregado por aquele período de férias não fruído.

Até a recente modificação da Constituição[114], a Justiça do Trabalho era formada por juntas de conciliação e julgamento. Compunham esses órgãos colegiados três juízes: um togado,

---

[113] *Ibidem*, p. 15.

[114] Emenda Constitucional n. 24, de 10 de dezembro de 1999.

profissional, que a presidia e dois classistas, representando os trabalhadores e os patrões, respectivamente. A idéia era proporcionar a paridade na distribuição da justiça, isto é, a participação das duas partes interessadas. Infelizmente, por uma série de razões que não vêm para aqui, este sistema acabou soçobrando e recentemente as Juntas (órgãos colegiados) transformaram-se em Varas (órgão monocráticos). Atualmente, um único magistrado, *o juiz do trabalho*, julga as lides de natureza trabalhista.

Amauri Mascaro Nascimento, insígne estudioso do direito do trabalho, afirma que "o direito do trabalho rege, portanto, as relações individuais e coletivas de trabalho e a condição social do assalariado.[115] À luz do magistério do conspícuo lente da Universidade de São Paulo, percebe-se quão importante é o direito do trabalho na questão social. A propósito, muitas das regras desse ramo do direito foram forjadas a partir dos embates trabalhistas e das lutas por reivindicações das classes laborativas. Tudo obtido à custa de muito esforço.

O Direito Canônico não tem um capítulo para tratar especificamente do problema trabalhista, entretanto, existem princípios, quer expressos no Código Canônico, quer veiculados por leis esparsas, que procuram dar guarida aos valores do trabalho. De qualquer maneira, é bom frisar que os tribunais eclesiásticos, em tese, podem dirimir quaisquer conflitos, inclusive os de ordem trabalhista. Na prática, contudo, como se asseriu algures, tal fato não ocorre, pois a justiça estatal, dotada da coercibilidade, está bem mais aparelhada para atuar nessa área.

O direito do trabalho é considerado um ramo do direito privado, porquanto trata de um complexo de normas jurídicas que têm por objetivo disciplinar o contrato de trabalho entre particulares, patrão e empregado, embora sofra acentuada intervenção do Estado.[116] Como dissemos acima, a nenhuma das partes, a seu bel-prazer, é lícito dispor das cláusulas contratuais de ordem pública, isto é, não derrogadas pela vontade das partes.

---

[115] NASCIMENTO, Mascaro Amauri, *Curso de Direito do Trabalho*, p. 478.

[116] DINIZ, Maria Helena. *Compêndio de Introdução à Ciência do Direito*, p. 272.

CAPÍTULO III

INFLUÊNCIAS RECÍPROCAS ENTRE O DIREITO CANÔNICO E O DIREITO ESTATAL

1. INTRODUÇÃO

Não há como negar o influxo que o direito estatal, historicamente, sofreu por parte do Direito Canônico. Na Europa, há várias faculdades, até mesmo públicas, em que se leciona Direito Canônico, ladeado pelo direito romano. Entre nós, até a década de sessenta, a Pontifícia Universidade Católica de São Paulo mantinha uma cátedra de Direito Canônico. Infelizmente, o positivismo jurídico fez fortuna nas escolas hodiernas, não poupando sequer as instituições confessionais. Dá-se uma extrema relevância ao aspecto técnico, em detrimento do ético e histórico. Assim, nossas academias estão a formar *burocratas* do direito, e não pessoas maduras e independentes, capazes de contribuir para com a transformação da sociedade; pois o jurista e também o canonista possuem a grave responsabilidade de colaborar para que o direito seja dinâmico e realmente veicule os anseios legítimos da sociedade, e não se transforme em reles instrumento mantenedor dos privilégios da classe dominante.

O direito estatal, por ser mais ativo, desenvolveu-se sobremaneira nos últimos decênios. Com efeito, os Estados compuseram-se no que se convencionou chamar de *Estado de direito*, frisando, desse modo, a importância do ordenamento jurídico, que sói agasalhar normas e garantias que colocam o cidadão em pé de igualdade com o Estado. Nesse diapasão, nenhuma Constituição política contemporânea de potência civilizada olvida o problema dos direitos fundamentais, bem como a questão da repartição de poderes[117]. Já se afirmou algures que estes temas estão sempre presentes na *Lei máxima* de qualquer nação. O Direito Canônico, arrimado em princípios evangélicos que evidenciam a dignidade da pessoa humana, soube também outorgar certas garantias aos fiéis, frisando a igualdade ontológica de todos, em virtude do sacramento do batismo.[118] Há no Código Canônico um verdadeiro estatuto do fiel, contemplando direitos inalienáveis, mormente dos leigos, que agora, sob a injunção do Concílio Vaticano II, passaram a *protagonistas do Evangelho*. Por exemplo, os fiéis têm o direito de manifestar seu ponto de vista, expondo necessidades, ao bispo, ao pároco, ou a qualquer eclesiástico.[119]

O dia-a-dia agitado dos tribunais estatais decerto propiciou a solução de bastantes problemas práticos da justiça canônica, tornando mais expedita e objetiva a composição dos litígios. Aliás, na prática, não se pode falar tanto em lide ou litígio no que toca às causas trazidas à apreciação da justiça da Igreja, vez que a maioria delas relaciona-se à nulidade de matrimônio (99%), em que não se lobriga um autêntico *embate*, porquanto o contraditório firma-se entre os nubentes, de um lado, e o defensor do vínculo, do outro, atuando este último na qualidade de *custos legis*. De qualquer modo, o direito estatal trouxe o remédio para muitos problemas práticos que afligem a justiça canônica, tais como secretaria dos feitos, protocolo, maneira de fazer a citação etc. Sem embargo, uma das achegas mais interessantes foi indubitavelmente a proliferação de um espírito de *impessoalidade* no tratamento das causas. Explique-se. No grêmio da Igreja, não raramente ocorre a tendência de emprestar um toque de afetividade e emoção a tudo que se faz. Este *modus vivendi*, de per si, não é ruim. Todavia, o Estado soube passar à Igreja a imagem de um aparelho judicial mais objetivo, em que se discutem idéias, fatos e direitos, e não se leva nada para o campo pessoal. Daí a im-

---

[117] Constituição da República Federativa do Brasil, artigos 44 a 135.

[118] Cânon 97.

[119] Cânon 212, § 2: *Christifidelibus integrum est, ut necessitates suas, praesertim spirituales, suaque optata Ecclesiae Pastoribus patefaciant.*

portância e a eficácia do emprego de expressões, como *data maxima venia*, tão comuns e rotineiras no âmbito da praxe forense estatal, visando, exatamente, a acautelar as pessoas, evitando o malferimento de suscetibilidades.

A — Influências do Direito Canônico em face do direito estatal

A1. Teoria da pessoa jurídica

Sabemos que o direito romano não construiu a noção de *pessoa jurídica*. Havia tão-somente os *colégios* e *associações*. Para o Prof. *José Reinaldo Lima Lopes*, entretanto, a família era a entidade que mais se aproximava da realidade que hoje em dia conhecemos sob o *nomem juris* de pessoa jurídica.[120]

O Direito Canônico teve de enfrentar o problema da pessoa jurídica, em virtude de questões atinentes a patrimônio comum, representação e responsabilidade. Superou-se, de certa forma, a idéia de família e forjou-se o conceito de *corporação*, "que se desligava dos laços de família e dos laços de vassalagem, dentro ainda, certamente, de um universo simbólico medieval."[121] A Igreja medieval começou a questionar-se acerca de temas fundamentais respeitantes ao exercício do poder. Conquanto a Igreja sempre viu a si mesma como uma *universalidade*, à certa altura surgiram problemas relacionados à exteriorização dessa mesma universalidade.[122] O labor dos canonistas suscitou a erupção de alguns princípios, a saber: 1º) autonomia da associação: quaisquer pessoas tinham o direito de unir-se com o objetivo de formarem uma corporação que se diferençava dos próprios integrantes; 2º) a corporação detinha jurisdição sobre seus componentes; 3º) muita vez, o representante teria de ouvir os membros da cor-

---

[120] LOPES, José Reinaldo Lima, *O Direito na História*, p. 108.

[121] *Ibidem*, p. 109.

[122] *Ibidem*, p. 109: "A Igreja foi então considerada uma universalidade distinta de cada um dos seus membros e nem todos detinham a sua representação. Foram sendo fixados critérios para decidir conflitos internos e conflitos entre seculares e clérigos. Entre as questões que surgiram havia matéria de representação (o representante pode decidir sem consultar o representado?). Havia problemas relativos aos corpos deliberativos e as suas relações com os órgãos executivos (o capítulo – reunião dos cônegos, pode rejeitar acordos que o bispo faz?)."

poração, sob pena de invalidar os atos praticados; 4º) solidariedade entre os membros, isto é, o patrimônio era comum; 5º) relativamente aos crimes, entendia-se que a prática por parte da maioria dos membros da corporação responsabilizava todos os integrantes; todavia, se apenas o representante, ou principal da corporação, fosse o responsável pela prática delituosa, apenas ele sofreria as conseqüências do ato. O Prof. Lopes refere que uma cidade poderia sofrer *interdito* em razão da conduta de seus cidadãos (ou da maioria ou grande parte deles), mas não lhe seria imputável a mesma pena se o ato infracional fosse perpetrado pelo governo. Note-se que estávamos nos albores do que hoje se conhece por teoria da pessoa jurídica. Foram os canonistas, na sua perspicácia, os primeiros a intuir a importância deste instituto tão momentoso na atualidade em todos os países.

A2. Cultura jurídica

Os canonistas foram os responsáveis pela formalização e racionalização do direito. Com eles, surge a primeira classe de juristas profissionais, "com uma carreira assegurada na burocracia eclesiástica."[123] O estudo do direito, enquanto disciplina oficial, nas universidades (invenção da Igreja), fora encetado em razão do Direito Canônico, que passou a ser disseminado com maior intensidade, influenciando a seculares e eclesiásticos. Lopes afirma que os canonistas formaram a primeira burocracia moderna do Ocidente.[124] Rafael Llano Cifuentes[125] dá-nos outros interessantíssimos elementos. Ouçamo-lo, pois:

> "A presença do Direito Canônico dentro dos estudos de Direito Civil não encontra a sua razão de ser apenas nessa mútua interação de influências. O fato de o Direito Canônico ser uma matéria clássica, que forma parte tradicionalmente do currículo universitário de muitas faculdades da América, Europa e Ásia, baseia-se, igualmente,

---

[123] *Ibidem*, p.84.

[124] *Ibidem*, p.95.

[125] CIFUENTES, Rafael Llano, *Curso de Direito Canônico*, p. 16.

numa necessidade que parte da realidade social, jurídica e religiosa de muitos países católicos. Deixando de lado todos os preconceitos "laicistas", motivados em parte por um absurdo "clericalismo" desprovido de qualquer senso de proporções (...) e depois de uma reflexão serena e ponderada, chegar-se-á à conclusão da conveniência que apresenta o estudo de Direito Canônico nas faculdades de direito dos países de maioria católica."

A3. Teoria sobre o negócio jurídico

Entendemos por *negócio* ou *ato jurídico* todo *ato lícito*, que tenha por escopo imediato adquirir, resguardar, transferir, modificar ou extinguir direitos.[126] Como leciona *Rafael Llano Cifuentes*, "esta doutrina foi construída durante séculos pelos canonistas em pormenorizados estudos feitos em torno da abundantíssima casuística do direito matrimonial".[127] Os institutos da formação, eficácia e vício de consentimentos dos negócios jurídicos encontraram no Direito Canônico um verdadeiro manancial e lídima fonte. A especulação teorética dos canonistas teve uma considerável repercussão prática, na medida em que burilou os mecanismos que dão forma às relações intersubjetivas.

A4. Doutrina sobre os impedimentos matrimoniais

Segundo *Rafael Llano Cifuentes*, esta doutrina foi às vezes transplantada integralmente do Direito Canônico para os códigos civis atuais.[128] Sobre ela, discorreremos no capítulo seguinte, quando tratarmos dos temas mistos. Talvez neste campo, mais do que em qualquer outro, pode-se perceber com clarividência quão relevante papel a Igreja sempre desempenhou na sociedade. Os critérios elaborados por ela a propósito da instituição do matrimônio foram aceitos sem maiores problemas por muitos Estados, até mesmo por potências cujas populações não são católicas. Assim sendo, problemas como o incesto, idade nupcial, e outros tantos, foram objeto de con-

[126] Código Civil Brasileiro, artigo 81.
[127] CIFUENTES, Rafael Llano, *Curso de Direito Canônico*, p. 16.
[128] *Ibidem*, p. 17.

sideração moral pela Igreja, que hauriu do Evangelho os parâmetros para a instituição de uma família saudável, em correspondência com os ditames divinos. Essa *intuição* da Igreja, expressa no Direito Canônico, é respeitada pelos Estados, que também desejam proteger a família, porquanto ela é sem dúvida o embrião, ou *celula mater*, de toda sociedade que pretende subsistir no tempo.

A5. Direito público

Este ramo do direito recebeu os portentosos influxos do Direito Canônico. Deveras, as análises dos canonistas a propósito das potestades hierárquicas deram ensancha a sistematizações e classificações, máxime aos atos administrativos, como *ordens*, *concessões*, *autorizações*, *dispensas*, *aprovações* etc.[129] Com efeito, há no direito administrativo uma série de atos, designados *atos administrativos*, que se referem à conduta do Estado em face do particular. Assim, por exemplo, a pessoa que possui uma banca de jornal adquire uma *permissão* do poder público, de caráter precário, porque pode ser revogada a qualquer instante. Este ato e seus elementos já pertenciam ao acervo do Direito Canônico, sob igual denominação. Assim, toda a problemática da revogabilidade e nulidade dos atos administrativos fora devidamente tratada no Direito Canônico. O direito público, é certo, desenvolveu-se por caminhos peculiares, todavia, principalmente nos albores desta novel ciência, beberou-se na fonte do Direito Canônico.

A6. Direito processual

Fortíssima a influência do Direito Canônico nesta área.[130] A reorganização da vida jurídica na Europa embasa-se na prática do direito eclesial. O processo do *ius commune* é essencialmente elaboração dos canonistas. Ao traçarmos um paralelo entre o direito de base romanística, como o brasileiro, e o direito consuetudinário anglo-saxão, vemos claramente quão profundamente o Direito Canônico pervadiu nossas instituições.

---

[129] *Ibidem*, p. 16.

[130] LOPES, José Reinaldo Lima, *O Direito na História*, p. 83.

O *inquérito* é uma instituição tipicamente canônica. Nele, não se dá relevo ao contraditório, isto é, à oitiva da parte contrária. Este aspecto contrasta com o direito anglo-saxão, que é mais *adversarial*. Assim, o *inquérito policial*, tão conhecido por nós outros, remonta à Idade Média. O inquisidor, aquele que inquire, é, concomitantemente, acusador, defensor e juiz. Esta é a principal característica do inquérito.

O desenvolvimento racional e formal do processo (petição inicial, contestação, citação, oitiva de testemunhas de acusação, oitiva de testemunhas de defesa, alegações finais e sentença) foi levado a cabo por Gregório VII, que anelava propiciar uma independência da Igreja diante das autoridades estatais. Estes institutos, consoante a ensinança de Lopes, foram mais tarde imitados por reis e príncipes em toda a Europa.[131]. O famoso *Dictatus Papae*, da lavra de Gregório VII, veementemente repudiado por Henrique IV, imperador do Sacro Império Romano, traz uma série de princípios, uns vinte e sete, que, mais tarde, serviriam de inspiração na formação do direito moderno. Essa verdadeira reforma, promovida pelo papa, provoca a distinção clara entre foro interno e foro externo. Doravante, o direito processual cuidará apenas dos temas que digam respeito ao foro externo. Lopes elenca algumas características especiais que o processo canônico nos legou: 1ª) trata-se de um processo conduzido por profissionais do direito; 2ª) reconhece um sistema de recursos; 3ª) adquiriu uma natureza inquisitorial mais do que adversarial; 4ª) impôs a escrita sobre a oralidade. Outrossim, não se pode deslembrar o fato de que até o surgimento do processo canônico, as contendas eram compostas mediante a aplicação dos *juízos de Deus* ou *ordálias*. O Direito Canônico mitigou as penas atrozes, funcionando também como um fator suasório na consciência das autoridades seculares.[132] A consciência popular há muito solicitava a mudança de métodos para a resolução dos litígios. Além de ser cruel, a ordália era

[131] *Ibidem*, p. 85.

[132] GRECO, Vicente, *Direito Processual Civil Brasileiro, Vol.I*, p.19: "Inegavelmente foi a doutrina cristã que mais valorizou a pessoa humana, definindo o homem como criado à imagem e semelhança de Deus. Por meio desta concepção, estabelecendo um vínculo entre o indivíduo e a divindade, superou-se a concepção do Estado como única unidade perfeita, de forma que o homem-cidadão foi substituído pelo homem-pessoa."

totalmente aleatória e, muita vez, premiava os celerados mais robustos, porquanto estes eram capazes de suportar com maior intensidade a dor física.

Na verdade, se fossemos discorrer a respeito de todas as notáveis influências que o direito processual civil moderno sofreu do Direito Canônico, teríamos de dedicar uma tese unicamente para este objetivo. Por fim, permita-nos uma palavra a mais sobre a escrita no processo. Como dissemos linhas acima, esta também foi uma *invenção canônica*; suscitou o nascimento da figura do notário, tão importante no processo hodierno, assim no civil como no canônico.[133] No processo civil brasileiro, esta personagem do processo é conhecida como *escrevente*; frui de fé pública e toca-lhe o mister excelso de *reduzir a termo* (isto é, escrever) a maior parte dos atos do processo, maiormente aqueles oriundos das audiências, em que se ouvem partes e testemunhas[134].

A7. Figura do advogado

O advogado, personagem importantíssima no processo é outrossim criação do Direito Canônico. No processo inquisitorial, caso o réu negasse o teor da denúncia que lhe era apresentada, o juiz, necessariamente, tinha de nomear um advogado, ou seja, uma pessoa, com formação acadêmica, que pudesse representar o acusado em juízo. O advogado deveria prestar um juramento, afirmando que usaria todos os meios ao seu alcance para promover uma defesa justa e equilibrada do réu. Ademais, tratando-se de réu de recursos financeiros parcos, não haveria cobrança de honorários advocatícios, sendo estes suportados pelo erário. No caso específico da heresia, o advogado teria de demonstrar que não ocorreu quer o *erro intelectual* quer a *pertinácia da vontade*. Neste sentido, o advogado canônico esmerava-se em provar a deficiência intelectual do acusado.

B — Influências do direito estatal em face do Direito Canônico

B1. Técnica codificadora

Sem sombra de dúvida, quiçá esta tenha sido a maior de todas as influências do direito estatal ou civil sobre o Direito Canônico. O primeiro Código Canônico, datado de 1917, é pro-

---

[133] LOPES, José Reinaldo Lima, *O Direito na História*, p. 102.

[134] Código de Processo Civil Brasileiro, artigo 141.

va inconteste desta assertiva. Com efeito, o referido diploma legal inspirou-se totalmente nos códigos civis modernos, sobretudo nos europeus, como o famoso *Código Napoleão*. É inegável a utilidade da codificação. Enquanto as leis esparsas ou extravagantes criam uma série de dificuldades quer para o intérprete da lei quer para o seu destinatário, o código, aglutinando todo o arcabouço de normas jurídicas, de forma sistemática e orgânica, traz incríveis vantagens à comunidade[135]. O código pio-beneditino primou pelo rigor científico, a exemplo de seus congêneres estatais, dividindo os temas segundo a mesma técnica aplicada pelos civilistas. Assim, por exemplo, os sacramentos eram regulados sob a rubrica *de rebus*, em virtude dos seus efeitos externos.

Hoje em dia, é claro, a aludida influência inda persiste. Sem embargo, ao compararmos o Código Canônico atual (de 1983) com o ab-rogado, vemos com meridiana clareza que o atual legislador, malgrado ter empregado o método codicial, fê-lo de forma mais livre, mais preocupado em aplicar os princípios do Concílio Vaticano II do que em elaborar uma lei que prime pelo absoluto rigor científico.

De um modo geral, a influência do direito estatal ainda é muito sentida. Cônscio dessa realidade, Leão XIII pode dizer que *ius canonicum sine iure civile perinde esse ac theologiam sine philosophia*."[136]

B2. Direito romano

O direito romano prestou um relevantíssimo serviço ao Direito Canônico, bem como ao direito estatal contemporâneo. Se quisermos compreender profundamente muitos dos institutos canônicos e seculares atuais, teremos de recorrer ao direito romano, sob pena de ficarmos com uma visão tacanha da realidade jurídica. Todo o regulamento da propriedade é construção dos romanos. Seu espírito prático fez nascer um direito que até hoje pode ser útil, quer subsidiariamente, quer como suporte teórico. A própria elaboração científica dos prin-

---

[135] MONTEIRO, Washington de Barros. *Curso de Direito Civil*, vol.I, p. 45.

[136] CIFUENTES, Rafael Lhano, *Relações entre a Igreja e o Estado*, p. 23.

cípios gerais do direito nasceu no direito romano, que desde seus albores soube identificar certos princípios jurídicos que balizavam a aplicação de todas as leis.

B3. Trabalhos científicos atuais

Neste campo, o direito estatal está a prestar um ingente ajutório ao Direito Canônico, porquanto muitos dos seus institutos, sobretudo na área do processo, alcançaram um maior desenvolvimento. É bastante louvável o estudo comum dos dois direitos. A Pontifícia Universidade Lateranense, em Roma, possui um instituto, chamado *Utroque Iure*, que se dedica ao estudo simultâneo do direito estatal e do canônico, habilitando seus cursistas nas duas áreas. Estamos diante de um exemplo, em nível acadêmico, de mútua cooperação. Deveras, nestas condições, trabalham *pari passu* especialistas das duas áreas, sendo notável a contribuição que o direito estatal (o italiano, no caso aventado) pode dar ao Direito Canônico.

B4. Princípio da reserva legal

O princípio penal da reserva legal, segundo o qual ninguém pode ser punido, a não ser se praticar um fato típico, isto é descrito na norma, é uma colaboração do direito estatal[137]. Pelo menos, o desenvolvimento do instituto deu-se em nível estatal. No direito penal canônico, observa-se tal princípio. Entretanto, no que tange à pena, também previamente estipulada no direito estatal, o Direito Canônico, muitas vezes, reserva ao bispo o critério para a dosagem da pena. O cânon 1316 é reflexo dessa influência, ao verberar que sejam dadas leis penais uniformes numa mesma cidade (*in eadem civitate vel regione uniformes ferantur*). Há fatos típicos penais canônicos aos quais não correspondem uma pena específica. Reza o direito penal canônico que o réu da comunicação *in sacris* seja punido com justa pena.[138] Todavia, o conceito de justa pena é bastante flexível; fica, por certo, ao alvedrio do bispo.

[137] Constituição da República Federativa do Brasil, artigo 5º, XXXIX.

[138] Cânon 1365: *Reus vetitae communicationis in sacris justa poena puniatur.*

CAPÍTULO IV

TEMAS MISTOS

1. INTRODUÇÃO

Há algumas *matérias jurídicas*, que interessam tanto ao Estado quanto à Igreja. Aludimos ao *matrimônio, ensino religioso e secular, reconhecimento de filhos ilegítimos, questões relativas ao direito à vida (aborto, eutanásia* etc.), *união de fato, assistência religiosa nas instituições totais* (*caserna, hospitais, internatos* etc.).

Esta monografia restringir-se-á unicamente ao problema do *matrimônio*. Aliás, dentre os assim-chamados *temas mistos*, este talvez seja o que mais preocupa as autoridades eclesiásticas, tendo sido objeto de concordata em algumas nações. Não poderia ser diferente. Segundo a doutrina eclesiástica, arrimada no Evangelho de nosso Senhor Jesus Cristo, a família é a *Igreja doméstica*, célula básica da sociedade[139]. Por isso, toda atenção e carinho do magistério deve estar direcionado a esta realidade. Se o Estado legiferar de modo detrimentoso a esta sagrada instituição, toca à Igreja o dever impostergável de intervir, expondo a doutrina acerca do matrimônio e da família. Aliás, como referimos no capítulo anterior, o Estado soube sempre prestar atenção às diretrizes da Igreja neste campo. No tópico sobre os impedimentos matrimoniais, por exemplo, o Direito Canônico foi transposto integralmente em códigos civis.

---

[139] Exortação Apostólica *Familiaris Consortio*, n. 55.

Rafael Llano Cifuentes traça o seguinte conceito de matéria mista:

> "Entende-se por matéria mista aquelas que diretamente se referem ao mesmo tempo a um fim espiritual e a um fim temporal e que, portanto, caem sob o domínio direto da Igreja e do Estado. Daí que nesse setor jurisdicional comum venha a ser necessário um acordo que determine claramente as competências. Dentre as matérias mistas, destaca-se pela sua importância o matrimônio, sobre o qual a Igreja em todos os seus acordos e concordatas tem mostrado singular interesse."[140]

Como se pode perceber, o tema é interessantíssimo. Há países que, através de concordatas, reconhecem força jurídica e coercitiva às sentenças de nulidade prolatadas nas cortes canônicas. No Brasil, em razão de uma mentalidade positivista bastante arraigada, torna-se extremamente difícil a celebração de qualquer concordata com a Santa Sé nesta área. Ademais, o princípio constitucional que prevê a *liberdade religiosa*[141] representa um grande óbice para a realização de qualquer pacto internacional entre o Estado e a Igreja.

2. O MATRIMÔNIO NO BRASIL

A Constituição Federal, promulgada em outubro de 1988, concede ao matrimônio canônico os mesmos efeitos do matrimônio civil. Reza o texto constitucional: "*O casamento religioso tem efeitos civis, nos termos da lei*".[142] Com a proclamação da República, o Estado passou a reconhecer tão-somente o casamento civil. A união albergada pelo matrimônio religioso ou canônico era, aos olhos da lei, mero concubinato. De certa forma, essa posição radical do Estado propiciou a criação do hábito entre os brasileiros — na maioria católicos — de celebrar o casamento civil (único válido para o Estado) e o religioso (único válido para a Igreja).

---

[140] CIFUENTES, Rafael Llano, *Curso de Direito Canônico*, p. 191.

[141] Constituição da República Federativa do Brasil, artigo 5º, VI.

[142] Constituição da República Federativa do Brasil, artigo 226, § 2º.

A Igreja católica sempre postulou por seus direitos inalienáveis em face da instituição do matrimônio. Trata-se, na verdade, do tema misto por excelência, que diz respeito à ordem temporal e espiritual, conforme a definição de *Cifuentes*, vista acima. Em 1937, surgiu a primeira lei que regulamentou a questão dos efeitos civis do matrimônio religioso ou canônico: Lei n. 379, de 16 de janeiro de 1937.[143] Observados os impedimentos e prescrições do direito civil, o matrimônio celebrado no grêmio da Igreja católica será plenamente reconhecido pelo Estado.

Em que pese essa mudança de atitude do legislador, dando foros de legitimidade ao matrimônio canônico, persistiu entre os brasileiros o costume de celebrar as duas cerimônias: a civil e a religiosa.

A Constituição Federal em vigor apenas repetiu o que dizia a Lei de 67/69, atribuindo direitos civis ao matrimônio religioso, desde que seja inscrito no registro público competente[144]. De qualquer maneira, o Brasil, ao lado da Alemanha, Suíça e todos os países sul-americanos, ainda reconhece só a validade do casamento civil, mas dá ao canônico efeitos civis, contanto que registrado em órgão idôneo.

Parece que o ideal seria se o católico só celebrasse a cerimônia religiosa ou canônica. Como se sabe, há párocos que estão habilitados para assistir ao matrimônio e dar-lhe efeitos civis. Essa praxe evita algo esdrúxulo: a presença da autoridade civil (juiz de paz) na própria igreja. Além de cobrarem caro pela ida ao templo, esse procedimento deixa eclipsado o próprio matrimônio canônico, que é o mais importante para o católico.

3. COMPETÊNCIA DA IGREJA SOBRE O MATRIMÔNIO

À primeira vista, poder-se-ia argumentar que a Igreja não tem uma competência específica sobre o matrimônio, mas apenas no que concerne aos efeitos jurídico-canônicos. Con-

---

[143] MONTEIRO, Washington de Barros, *Curso de Direito Civil, 2º Volume*, p. 63.

[144] Constituição da República Federativa do Brasil, artigo 226, § 2º.

tudo, ao atentarmo-nos para o fato de que o matrimônio é um dos sete sacramentos, instituídos por Cristo *in radice*, veremos que a Igreja tem decerto um papel considerável a representar relativamente a esta instituição natural. Segundo o Direito Canônico, a sacramentalidade está na essência do ato jurídico: *inter baptizatos nequit matrimonialis comtractus validus consistere, quin sit eo ipso sacramentum.*[145]

Na questão ora agitada, a Igreja norteia-se pelos seguintes princípios:

1º) o matrimônio celebrado no foro civil é considerado mero concubinato; 2º) o segundo casamento, depois do divórcio civil, é tido como inválido pelo direito eclesial; 3º) a Igreja não reconhece o direito de o Estado anular um matrimônio canônico formalmente em ordem.[146]

Em suma, pode-se concluir este tópico, dizendo que da mesma maneira que a Igreja reconhece a competência do Estado para regular certos aspectos do matrimônio, guarda para si o regramento básico desta instituição-sacramento, exigindo que as autoridades estatais respeitem sua competência neste campo. A solução para esta dupla competência, alvitrada por muitos especialistas, seria o reconhecimento cabal do matrimônio celebrado no grêmio da Igreja. No Brasil, como dito acima, há muito que o direito estatal confere efeitos jurídicos ao matrimônio-sacramento. Ultimamente, a Constituição Federal, promulgada em 1988, no seu artigo 226, corroborou esta visão do Estado, emprestando efeitos jurídicos ao matrimônio-canônico. Ocorre, contudo, que há entre os compatriotas o costume de celebrar, digamos, os *dois casamentos*. De certa forma, do ponto de vista jurídico, o Estado reconhece plenamente a validade do matrimônio canônico. O problema passa igualmente pela questão da cidadania e consciência dos direitos. Na medida em que houver uma maior cidadania, tanto no âmbito estatal como no eclesial, certamente não haverá problemas desse tipo. Ao católico compete o mister de dar extrema relevância ao matrimônio celebrado na Igreja, colocando-o em destaque em face do mero contrato realizado no âmbito civil.

---

[145] Cânon 1.055, § 2º.

[146] CIFUENTES, Rafael Llano, *Relações entre a Igreja e o Estado*, p. 254.

4. OBRIGATORIEDADE DA INSCRIÇÃO NO REGISTRO CIVIL

Na Itália, bem como na Espanha, por força de concordatas, há a obrigatoriedade de o pároco proceder à inscrição do matrimônio canônico no registro civil. Com efeito, o Direito Canônico não impõe esse procedimento. No entendimento de *Cifuentes*, seria salutar se todos os párocos agissem assim, contudo, na prática, parece não haver interesse nem por parte dos pastores, nem por parte dos fiéis.

A idéia é que se a inscrição fosse obrigatória, haveria a garantia de que todo matrimônio celebrado na Igreja tivesse seu correspondente na esfera civil, evitando, assim, a prática da bigamia e outros eventuais atentados à instituição do matrimônio. Cifuentes faz um apelo para que se modifique o atual código canônico, tornando obrigatória a inscrição.[147]

5. PRÉVIA HABILITAÇÃO PARA CONTRAIR MATRIMÔNIO CANÔNICO

Vige neste País o costume de as autoridades eclesiásticas requererem a prévia habilitação civil antes de concederem autorização para a celebração ou assistência do matrimônio canônico. O direito estatal exige que se faça a prévia habilitação antes da realização do casamento civil.[148] O aludido expediente visa a evitar possíveis conluios ou, até mesmo, a prática da bigamia. Só aqueles que estiverem absolutamente livres poderão convolar a núpcias. No Brasil, isto tem uma importância toda particular, em razão da semelhança entre a legislação canônica e a estatal no que diz respeito a impedimentos e incapacidades matrimoniais.

---

[147] *Ibidem*, p. 283: "Propugnamos, pois, em última análise, por uma modificação da atual legislação no sentido de levar a efeito aquele princípio antes enunciado: todo casamento religioso registrável deve ser registrado por força de lei."

[148] Código Civil Brasileiro, artigos 180 a 182.

6. VISÃO CIVILISTA DO MATRIMÔNIO

Não há decerto instituto mais discutido no *direito de família* do que o matrimônio ou *casamento*, como sói ser denominado pelos civilistas. Se existem panegeristas, como Laurent, que o chama de "fundamento da sociedade, base da moralidade pública e privada", por outro lado, aparecem os inimigos da instituição, seus detratores, como o escritor bretão Lockeridge, que o define como "a kind of funeral in which we bury a part of ourselves" ("um tipo de funeral em que enterramos parte de nós mesmos!").[149]

Monteiro define o matrimônio ou casamento como a "união permanente do homem e da mulher, de acordo com a lei, a fim de se reproduzirem, de se ajudarem mutuamente e de criarem os seus filhos."[150] Modestino, no Digesto, apresenta a seguinte definição de matrimônio: *nuptiae sunt conjunctio maris et feminae consortium omnis vitae, divini et humani juris communicatio.* Não podemos nos deslembrar que o matrimônio, na ótica do Direito Canônico, é um sacramento, isto é, "um sinal visível instituído por Cristo, para outorgar a graça sacramental".[151]

O Código Civil Brasileiro não traz um conceito de casamento (não é da natureza das leis civis veicular definições ou conceitos). Contudo, diferentemente do código canônico, apresenta róis dos direitos e deveres do marido e da mulher.[152] Ei-los:

Direitos e deveres do marido:

---

[149] MONTEIRO, Washington de Barros, *Curso de Direito Civil, Vol.II*, p. 8.

[150] *Ibidem*, p. 9.

[151] SIEGLE, Bernard, *Marriage According to the New Code of Canon Law*, p. 11.

[152] Sabemos, contudo, que São Paulo discorre sobre este assunto na primeira carta dirigida aos coríntios, lançando as seguintes admoestações: a) o marido cumpra o dever conjugal para com a esposa; e a mulher faça o mesmo com relação ao marido; b) o marido não cristão e santificado pela esposa cristã e vice-versa; c) a mulher está ligada ao marido pelo tempo que este viver; no caso de óbito do marido, poderá convolar a novas núpcias, mas somente no Senhor, isto é, perante a Igreja; d) submissão da mulher ao marido (cf. 1Cor 7). Note-se que o direito estatal, mormente num país de maioria cristã-católica como o Brasil, alberga os valores do Evangelho; a primazia que o código civil dá ao varão na família nada mais é do que uma leitura um tanto quanto fundamentalista da referida missiva de são Paulo.

1) O marido é o chefe da sociedade conjugal, função que exerce com a colaboração da mulher, no interesse comum do casal e dos filhos;

2) Compete-lhe: I. a representação legal da família; II. a administração dos bens comuns e dos particulares da mulher que ao marido incumbir administrar, em virtude do regime matrimonial adotado, ou de pacto antenupcial; III. o direito de fixar o domicílio da família, ressalvada a possibilidade de recorrer a mulher ao juiz, no caso de deliberação que a prejudique; IV. prover a manutenção da família;

3) A obrigação de sustentar a mulher cessa, para o marido, quando ela abandona sem justo motivo a habitação conjugal e a esta recusa voltar. Neste caso o juiz pode, segundo as circunstâncias, ordenar, em proveito do marido e dos filhos, o seqüestro temporário de parte dos rendimentos particulares da mulher;

4) Cabe ao juiz suprir a outorga da mulher, quando esta a denegue sem motivo justo, ou lhe seja impossível dá-la.[153]

Com relação à mulher, são seus direitos e deveres:

1) A mulher, com o casamento assume a condição de companheira, consorte e colaboradora do marido nos encargos de família, cumprindo-lhe velar pela direção material e moral desta;

2) A mulher poderá acrescer aos seus os apelidos do marido;

3) A mulher não pode, sem a autorização do marido: I. praticar os atos que este não poderia sem o consentimento da mulher; II. Alienar ou gravar de ônus real, os imóveis de seu domínio particular, qualquer que seja o regime dos bens; III. Contrair obrigações que possam importar em alheação dos bens do casal;

4) A mulher pode livremente: I. Exercer os direitos que lhe competir sobre as pessoas e os bens de filhos de leito anterior; II. Desobrigar ou reivindicar os imóveis do casal que o marido

---

[153] Código Civil Brasileiro, artigos 233 a 239.

tenha gravado ou alienado sem sua outorga ou suprimento do juiz; III. Praticar quaisquer atos não vedados por lei; IV. Propor a separação judicial e o divórcio.[154]

De certa maneira, está superado o tratamento machista que o Código Civil Brasileiro reserva para o papel que a mulher desempenha no himeneu. A atual Constituição igualou os sexos, atribuindo a homens e mulheres os mesmos direitos e deveres, sendo que agora é impróprio afirmar que o marido é o chefe da sociedade conjugal, porquanto ambos, mulher e marido, exercem conjuntamente a direção da família.[155]

7. IMPEDIMENTOS

Vejamos uma outra questão assaz interessante: o problema dos impedimentos. Tracemos, pois, um paralelo entre o direito estatal e o Direito Canônico nesta matéria de extrema importância.

Impedimentos do Código Civil Brasileiro[156]:

1) Ascendentes com descendentes, seja o parentesco legítimo ou ilegítimo, natural ou civil;

2) Afins em linha reta, seja o vínculo legítimo ou ilegítimo;

3) Adotante com o cônjuge do adotado e adotado com o cônjuge do adotante;

4) Irmãos, legítimos ou ilegítimos, germanos ou não e os colaterais, legítimos ou ilegítimos, até o terceiro grau inclusive;

5) Adotado com o filho superveniente ao pai ou à mãe adotiva;

6) Pessoas casadas;

7) Cônjuge adúltero com seu co-réu, por tal condenado;

8) Cônjuge sobrevivente com o condenado como delinqüente no homicídio ou tentativa de homicídio contra o seu consorte;

---

[154] *Ibidem*, artigos 240 a 255.

[155] Constituição da República Federativa do Brasil, artigo 226, §5.º.

[156] Código Civil Brasileiro, artigos 183 a 188.

9) Pessoas por qualquer motivo coatas e as incapazes de consentir, ou manifestar, de modo inequívoco, o consentimento;

10) Raptor com a raptada, enquanto esta não se ache fora de seu poder e em lugar seguro;

11) Sujeitos ao pátrio poder, tutela, ou curatela, enquanto não obtiverem, ou não lhes for suprido o consentimento do pai, tutor, ou curador;

12) Mulheres menores de dezesseis anos e homens menores de dezoito;

13) Viúvo ou viúva que tiver filho do cônjuge falecido, enquanto não fizer inventário dos bens do casal e der partilha aos herdeiros;

14) Viúva, ou a mulher cujo casamento se desfez por ser nulo ou ter sido anulado, até dez meses depois do começo da viuvez, ou da dissolução da sociedade conjugal, salvo se antes de findo esse prazo der à luz algum filho;

15) Tutor ou curador e os seus descendentes, ascendentes, irmãos, cunhados, ou sobrinhos, com a pessoa tutelada ou curatelada, enquanto não cessar a tutela ou curatela, e não estiverem saldadas as respectivas contas, salvo permissão paterna ou materna manifestada em escrito autêntico ou em testamento;

16) Juiz ou escrivão e seus descendentes, ascendentes, irmãos, cunhados ou sobrinhos, com órfão ou viúva, da circunscrição territorial onde um ou outro tiver exercício, salvo licença especial da autoridade judiciária superior.[157]

Nem todos os impedimentos acima referidos são dirimentes, vale dizer, tornam írrito o matrimônio.[158] Alguns deles visam a evitar um matrimônio que atente contra a ordem pública e a moralidade. Sua inobservância fulmina o ato de nulidade.[159] Outros têm por escopo impedir que os nubentes sofram algum jaez de prejuízo.[160] Sua infração torna o casamento ou

---

[157] Código Civil Brasileiro, artigo 183.

[158] Código Civil Brasileiro, artigo 183, I a VIII.

[159] GONÇALVES, Carlos Roberto, *Direito de Família*, p. 7.

[160] Código Civil Brasileiro, artigo 183, IX a XII.

matrimônio *anulável.*[161] Há, ainda, um terceiro tipo de impedimento. Seu desiderato é evitar que terceiros sejam lesados. Se não forem respeitados, enseja-se apenas mera irregularidade do contrato nupcial.[162]

Impedimentos do Código Canônico:

1) O homem antes dos dezesseis anos completos e a mulher antes dos catorze também completos não podem contrair matrimônio válido (*matrimonium validum inire non possunt*);

2) A impotência para o coito (*coeundi*) antecedente e perpétua, absoluta ou relativa, por parte do homem ou da mulher, dirime o matrimônio por sua própria natureza (*matrimonium ex ipsa eius natura dirimit*);

3) Tenta invalidamente contrair matrimônio quem está ligado pelo vínculo de matrimônio anterior, mesmo que este matrimônio não tenha sido consumado;

4) É inválido o matrimônio entre duas pessoas, uma das quais tenha sido batizada na Igreja católica ou nela recebida e que não a tenha abandonado por um ato formal (*actu formali*), e outra não batizada;

5) Tentam invalidamente o matrimônio os que receberam ordens sagradas (*sacris ordinibus sunt constituti*);

6) Tentam invalidamente o matrimônio os que estão ligados por voto público perpétuo de castidade num instituto religioso;

7) Entre um homem e uma mulher arrebatada violentamente (*abductam vel saltem retentam*) ou retida com o intuito de casamento, não pode existir matrimônio, salvo se depois mulher, separada do raptor e colocada em lugar seguro e livre, escolha espontaneamente o matrimônio;

8) Quem, com o intuito de contrair matrimônio com determinada pessoa, matar o cônjuge dessa pessoa ou o próprio cônjuge, tenta invalidamente esse matrimônio;

---

[161] Esta figura inexiste no Direito Canônico. Com efeito, ao analisar o matrimônio que lhe é apresentado, um tribunal eclesiástico só poderá aferir acerca da existência ou não do matrimônio, perscrutando o ato *in fieri*. Em caso afirmativo, atestará simplesmente que o matrimônio objeto do processo é nulo.

[162] Código Civil Brasileiro, artigo 183, XIII a XVI.

9) Tentam invalidamente o matrimônio entre si também aqueles que, de comum acordo, cooperando física ou moralmente, tiverem matado o outro cônjuge;

10) Na linha reta de consangüinidade, é nulo o matrimônio entre todos os ascendentes e descendentes, tanto legítimos como naturais (*inter omnes ascendentes et descendentes tum legítimos tum naturales*);

11) Na linha colateral, é nulo o matrimônio até o quarto grau inclusive;

12) Nunca se permita o matrimônio havendo alguma dúvida se as partes são consangüíneas em algum grau de linha reta ou no segundo grau da linha colateral;

13) A afinidade em linha reta torna nulo o matrimônio em qualquer grau (*in quolibet gradu*);

14) O impedimento de pública honestidade origina-se de um matrimônio inválido, depois de instaurada a vida comum, ou de um concubinato notório e público; e torna nulo o matrimônio no primeiro grau da linha reta entre o homem e as consangüíneas da mulher, e vice-versa.

15) Não podem contrair matrimônio os que estão ligados por parentesco legal, produzido por adoção, na linha reta ou no segundo grau da linha colateral.[163]

Depreende-se que, naturalmente, o direito estatal não pode albergar todos os impedimentos declinados pelo código canônico. Assim, por exemplo, o impedimento de votos ou de ordem não foi contemplado pelo legislador civil. Nada obsta que um presbítero ou uma freira se matrimoniem *civilmente*, porquanto a autoridade civil não lhes imporá quaisquer empecilhos. A idade considerada apta para o matrimônio também varia nas duas legislações. Consoante o Direito Canônico, o homem terá de ter ao menos dezesseis anos e a mulher quatorze.[164] Por outro lado, parece que o legislador civil foi mais prudente neste aspecto, obrigando que as mulheres tenham ao menos dezesseis anos e os varões contem com a idade de

[163] Cânones 1083 a 1094.

[164] Cânon 1083.

dezoito.[165] Outro ponto muito interessante, que faz diferençar profundamente a visão que o legislador civil possui do matrimônio é o problema da impotência. Para o Direito Canônico, a impotência para a cópula dirime o matrimônio, isto é, torna-o nulo *ipso facto*.[166] O legislador civil, todavia, não bispa esta hipótese. Assim, segundo os ditames do direito estatal, nada impede que uma pessoa impotente para o coito (*impotentia coeundi*) convole a autênticas núpcias. Esta distinta inteligência da instituição matrimonial deve-se ao fato de que o Direito Canônico enxerga no matrimônio não um mero contrato, mas uma verdadeira aliança que visa sobretudo à geração e ao bem da *prole*.[167]

Para o Direito Canônico, é claro, tenta invalidamente o matrimônio a pessoa que está consorciada segunda as normas da Igreja. Desta feita, mesmo que alguém obtenha uma sentença de divórcio (rompimento do vínculo) no foro civil, em hipótese alguma poderá convolar a novas núpcias, pois o matrimônio, para a Igreja, é sempre indissolúvel, por injunção taxativa de nosso Senhor Jesus Cristo.[168] Somente uma sentença, proferida por um tribunal eclesiástico, na qual se ateste a nulidade (inexistência) do matrimônio *in fieri*, poderá dar azo à celebração de um novo matrimônio. Eis o escólio do saudoso Pe. *Pegoraro*, defensor do vínculo, promotor de justiça e professor em São Paulo:

> "A Igreja, em sua doutrina milenar, sempre se declarou incompetente em dissolver o vínculo que nasce do sacramento do matrimônio validamente celebrado e consumado, assim como declara incompetente qualquer outra autoridade. O caminho que ela percorre é diferente. Ela aprofunda uma compreensão cada vez maior das exigências e das condições necessárias para assumir este projeto de vida de forma definitiva, ampliando a possibili-

---

165 Código Civil Brasileiro, artigo 183, XII.

166 Cânon 1084, § 1º.

167 Cânon 1055, §1º: *Matrimoniale foedus, quo vir et mulier inter se totius vitae consortium constituunt, sua naturali ad bonum coniugum atque ad prolis generationem ordinatum, a Christo Domino ad sacramenti dignitatem inter baptizatos evectum est.*

168 Mt 19; Lc 16, 18; Mc 10.

dade de declaração de nulidade do matrimônio celebrado. Muitos casamentos, que aparentemente parecem válidos, são passíveis de sentença de nulidade, pois sua realidade interior não está suficientemente constituída."[169]

O matrimônio, qual tema misto por excelência, como frisamos linhas acima, carece ser objeto de uma concordata. Pelo menos este é o pensamento de *Cifuentes*.[170]

O mais importante é que o Estado cumpra seu papel no que concerne à família, dando-lhe condições de desempenhar a sagrada missão que a Igreja, bem como o próprio Estado dela esperam. Com efeito, a Carta Magna possui uma plêiade de dispositivos que anelam tutelar esta instituição e, por via oblíqua, o matrimônio. É extremamente necessário que o católico, pleno cidadão, no sentido cabal, vale dizer, conhecedor dos direitos e deveres civis e canônicos, exija das autoridades civis o respeito devido ao matrimônio. Com certeza, dele depende a própria sobrevivência e integridade da sociedade política.

Parodiando *Lessing*, citado pelo Prof. *Washington de Barros Monteiro*, podemos verberar que o matrimônio é a "grande escola fundada pelo próprio Deus para a educação do gênero humano".[171]

---

[169] PEGORARO, Giuseppe Benito, *Revista Vida Pastoral*, páginas 17 e 18.

[170] CIFUENTES, Rafael Llano, *Relações entre a Igreja e o Estado*, p. 286.

[171] MONTEIRO, Washington de Barros, *Curso de Direito Civil, Vol. II*, p. 8.

BIBLIOGRAFIA

ARRIETA, Juan Ignacio et alii. *Manual de Derecho Canonico.* 2ª ed., Pamplona: EUNSA, 1991, 900p.

BOFF, Leonardo. *Igreja Carisma e Poder.* 3ª ed., Petrópolis: Vozes, 1982.

BULGARELLI, Waldirio. *Direito Comercial.* 12ª ed., São Paulo: Atlas, 1997, 277p.

CAPPARELLI, Julio Cesar. "Manual sobre o Matrimônio no Direito Canônico". Tradução por Armando Braio Ara. São Paulo: Paulinas, 1999, 233p. Tradução de: *Manual sobre el Matrimonio en el Derecho Canonico.*

CAPPELLINI, Ernesto (Org.). "Problemas e Perspectivas de Direito Canônico". Tradução por Luiz João Gaio. São Paulo: Loyola, 1995, 343p. Tradução de: *Problemi e prospective di Diritto Canonico.*

CARRAZZA, Roque Antônio. 3ª ed., São Paulo: *Revista dos Tribunais*, 1991, 486p.

CIFUENTES, Rafael Llano. *Curso de Direito Canônico.* São Paulo: Saraiva, 1971, 274p.

_________. "Novo Direito Matrimonial Canônico". Rio de Janeiro: Marques Saraiva, 1988, 505p.

CINTRA, Antônio Carlos de Araújo et alii. *Teoria Geral do Processo.* 5ª ed., São Paulo: Revista dos Tribunais, 1985, 329p.

CORTINA, Andrés-Corsino Álvares et alii. *Derecho Eclesiástico.* Pamplona: EUNSA, 1996, 273p.

DINIZ, Maria Helena. *Compêndio de Introdução à Ciência do Direito.* 11ª ed., São Paulo: Saraiva, 1999, 578p.

ECHEVERRIA, Lamberto (Org.) *Nuevo Derecho Canonico: manual universitario.* Madrid: BAC, 1983, 625p.

FEITOSA, Antonio. *Elementos de Legislação Canônica: Confrontos entre o Código de 1917 e o de 1983.* São Paulo: Loyola, 1984, 156p.

FELICIANI, Giorgio. "As Bases do Direito da Igreja". Tradução por Pe. Tarcísio Machado Rocha. São Paulo: Paulinas, 1994, 182p. Tradução de: *Le Basi del Diritto Canonico.*

FORNÉS, Juan. *La Ciencia Canonica Contemporánea.* Pamplona: EUNSA, 1984, 417p.

GEROSA, Libero. *El Derecho de la Iglesia.* Valencia: EDICEP C.B., 1998, v.12, 343p.

GHIRLANDA, Gianfranco. "Introdução ao Direito Eclesial". Tradução por Roberto Leal Ferreira. São Paulo: Loyola, 1998, 147p. Tradução de: *Introduzione al diritto ecclesiale.*

GIRARDI, José. *Igreja e Estado no Pensamento de Rui Barbosa.* Roma, 1960. 364p. Dissertação (Doutorado em Direito Canônico) — Pontifícia Universidade Urbaniana.

GONÇALVES, Carlos Roberto. *Direito Civil: Parte Geral.* São Paulo: Saraiva, 1997, 179p.

__________. "Direito de Família". São Paulo: Saraiva, 1997, 166p.

GRECO, Vicente. *Direito Processual Civil Brasileiro.* 15ª ed., São Paulo: Saraiva, 2000, v.1, 260p.

GRINGS, Dadeus. *A Ortopráxis na Igreja: O Direito Canônico a serviço da Pastoral.* Aparecida: Editora Santuário, 1986, 238p.

GRUSYNSKI, Alexandre Henrique. *Direito Eclesiástico.* Porto Alegre: Síntese Editora, 1999, 187p.

HART, Herbert L.A. "O Conceito de Direito". 2ª ed., tradução por A. Ribeiro Mendes. Lisboa: Fundação Calouste Gulbenkian, 1994, 348p. Tradução de: *The Concept of Law.*

HORTAL, Jesus. *Os Sacramentos da Igreja na sua Dimensão Canônico-Pastoral.* São Paulo: Loyola, 1987, 212p.

KREUTZ, Ivo José. *A paróquia: lugar privilegiado da pastoral da Igreja.* São Paulo: Loyola, 1989, 160p.

LABANDEIRA, Eduardo. *Tratado de Derecho Administrativo Canonico.* 2ª ed., Pamplona: EUNSA, 1993, 536p;

__________. "Cuestiones de Derecho Aministrativo Canonico". Pamplona: EUNSA, 1992, 539p.

LIMA, Maurílio César. *Introdução à História do Direito Canônico.* São Paulo: Loyola, 1999, 358p.

LOPES, José Reinaldo Lima. *O Direito na História.* São Paulo: Max Limonad, 2000, 487p.

MADRID, Francisca Pérez. *Derecho Administrativo Sancionador en el Ordenamiento Canonico*. Pamplona: EUNSA, 1994, 266p.

MANZANARES, Julio et alii. *Nuevo Derecho Parroquial*. Madrid: BAC, 1994, 639p.

MEIRELLES, Hely Lopes. *Direito Administrativo Brasileiro*. 16ª ed., São Paulo: Revista dos Tribunais, 1991, 700p.

MELLO, Celso Antônio Bandeira. *Curso de Direito Administrativo*. 10ª ed., São Paulo: Malheiros, 1998, 665p.

MERRYMAN, John Henry. *The Civil Law Tradition: an introduction to the legal systems of Western Europe and Latin America*. Standford: Standford University Press, 1969, 302p.

MIRABETE, Júlio Fabrini. *Manual de Direito Penal*. 12ª ed., São Paulo: Atlas, 1997, v.1, 451p.

MONTEIRO, Washington de Barros. *Curso de Direito Civil*. 22ª ed., São Paulo: Saraiva, 1983, v.1, 323p.

_________. "Curso de Direito Civil". 29ª ed., São Paulo: Saraiva, 1992, v.2, 339p.

MONTORO, André Franco. *Introdução à Ciência do Direito*. 12ª ed., São Paulo: Revista dos Tribunais, 1983, v.1, 403p.

_________. "Estudos de Filosofia do Direito". 3ª ed., São Paulo: Saraiva, 1999, 343p.

NASCIMENTO, Amauri Mascaro. *Curso de Direito do Trabalho*. 23ª ed., São Paulo: Editora LTR, 1997, 635p.

NEVES, Audálio. *O Povo de Deus: Renovação do Direito Na Igreja*. São Paulo: Loyola, 1987, 212p.

PEGORARO, Giuseppe Benito. *Revista Vida Pastoral*. São Paulo, março-abril/1994, p.17.

REZEK, José Francisco. *Direito Internacional Público*. 5ª ed., São Paulo: Saraiva, 1995, 411p.

SAMPEL, Edson Luiz. *Quando é Possível Decretar a Nulidade de um Matrimônio: Perguntas e Respostas sobre Direito Canônico*. 2ª ed., São Paulo: Paulus, 1998, 60p.

_________. "Algumas considerações a respeito do Direito Canônico". Revista de Cultura Teológica. São Paulo, nº 27, p. 117-121, abril-junho 1999.

SANTOS, Moacyr Amaral. *Primeiras Linhas de Direito Processual Civil*. 15ªed., São Paulo: Saraiva, 1992, v.1, 378p.

SIEGLE, Bernard. *Marriage according to the New Code of Canon Law*. New York: Society of St. Paul, 1986, 297p.

SILVA, de Plácido e. *Vocabulário Jurídico*. 8ª ed., Rio de Janeiro: Forense, 1984, v.1, 526p.; v.2, 513p.

SOUZA, Salmo Caetano. *A Relevância Jurídica do Amor Conjugal no Matrimônio*. Roma, 1997. 297p. Dissertação (Doutorado em Direito Canônico) — Pontifícia Universidade Santo Tomás de Aquino.

SURGIK, Aloísio. *Compêndio de Direito Processual Canônico*. Curitiba: Ed. Livro é Cultura, 1988, 80p.

TEMER, Michel. "Elementos de Direito Constitucional". 6ª ed., São Paulo: Revista dos Tribunais, 1989, 216p.

TOURNEAU, Dominique Le. "Cuestiones de Derecho Canonico". Tradução por Matías Díaz. Pamplona: EUNSA, 1992, 311p. Tradução de: *Le Droit Canonique*.

__________. *El Derecho de La Iglesia*. 4ª ed., Madrid: Ediciones Rialp S.A., 1997, 123p.

VIANA, Antonio. *Organización del Gobierno en la Iglesia*. 2ª ed., Pamplona: EUNSA, 1997, 296p.

WALF, Knut. "Derecho Eclesiástico". Tradução por Abelardo Martínez de Lapera. Barcelona: Herder, 1988, 234p. Tradução de: *Kirchenrecht*.

Legislação

Código de Derecho Canônico. Madrid: BAC, 1999 (edição bilíngüe, com comentários de Juan Luis Acebal et alii)

Código de Direito Canônico. São Paulo: Loyola, 1983. (edição bilíngüe, com comentários de Jesus Hortal)

Código de Processo Civil Brasileiro de 1973. 26ª ed., São Paulo: Saraiva, 1996

Código Penal Brasileiro de 1940. 11ª ed., São Paulo: Saraiva, 1996.

Constituição da República Federativa do Brasil de 1988. 23ª ed., São Paulo: Saraiva, 1999.

Código Civil Brasileiro de 1916. São Paulo: Revista dos Tribunais, 1999.

Decreto Geral sobre Diretrizes e Normas para as Universidades Católicas, regulamentando a constituição apostólica "Ex Corde Ecclesiae"(Doc. 64. CNBB) São Paulo: Paulinas, 2000.

Magistério

Constituição Dogmática Lumen Gentium. Compêndio do Vaticano II. 18ª ed., Petrópolis: Vozes, 1986, 743p.

JOÃO PAULO II. *Constituição Apostólica Pastor Bonus.* Cidade do Vaticano: Tipografia Poligluta Vaticana, 1988.

JOÃO PAULO II. *Exortação Apostólica Familiaris Consortio.* 6ª ed., São Paulo: Paulinas, 1987, 154p.

PAULO VI. *Alocução ao II Congresso Internacional de Direito Canônico.* Roma: Communicationes 5, 1973, p. 125.

PAULO VI. *Carta Encíclica Populorum Progressio*". 10ª ed., São Paulo: Paulinas, 1982, 66p.

SANTO TOMÁS DE AQUINO. *Summa Theologica.*

Composição: **LINOTEC**
Capa: **ELIANA DO CARMO COSTA**
Impressão: **BOOK RJ**